カトリックと
プロテスタント

――同じキリスト教で、どのように違うのか――

ホセ・ヨンパルト 著

サンパウロ

まえがき ――マリア・ゲルトルードさんからの手紙――

主の平安！

懐かしい復活祭がやってきました。神父さまは復活徹夜祭で、今年も何人かの方に洗礼を授けられたのでしょうか。昨年の徹夜祭のお恵みが思い出されます。今年は京都の河原町（聖フランシスコ・ザビエル）教会で徹夜祭のミサにあずかりました。聖イグナチオ教会のように鐘の音は響きませんでしたが、主のご復活を表す場面では自然と涙が流れてきました。

ところで今、なんとか七月の教員採用試験に向けて勉強していますが、できればカトリックの学校の先生になりたいと思います。このような折、採用の方法などをどこに尋ねればよろしいのか、ご存じでしたらお教えください。また教員試験の勉強とともに、キリスト教についても、もっといろいろなことを知りたいと思い、勉強を始めました。京都の『心のともしび運動』から出されているパンフレットなどを読みましたが、どのように勉強していったらよいのか、まだ、よく分かりません。

また、大学の友人が最近、プロテスタント（ホーリネス）の洗礼を受けたのですが、カトリックとプロテスタントの違いについても知りたいと思います。その友人は洗礼名ももってはいないと言いましたが、洗礼名をいただけるのはカトリックだけなのでしょうか。また、カトリックにはいろいろな修道会（神父さまのいらっしゃるイエズス会、案内所のシスターたちのいらっしゃる女子パウロ会など）がありますが、これはプロテスタントの場合の各宗派（ルター派など）とはどのように違うものなのでしょうか。

そのプロテスタントの友人に、ミサの話をしたところ、形よりも牧師さんのお話のほうがいいのよと言われました。カトリックのミサは、ただ儀式というのではなく、ミサを通して、イエスさまが私たち人間のために十字架にかけられたことを思いおこすものだと思うのですが、このような解釈の仕方でよいのでしょうか。また、ある本には在俗修道会というのが出てきますが、これは普通の生活をしながらイエス様にお仕えできるというものなのでしょうか。

質問ばかりの手紙になってしまいました。早く東京に帰って、要理教室やケンピス会で神父さまのお話を聞き、キリスト教と他の宗教との比較についても勉強できたらいいなと思います。
神父さまのお便りを楽しみにしています。

マリア・ゲルトルード

＊　＊　＊

本書の冒頭に載せていただいたこの手紙は、一九八四年五月九日の日付で受け取ったものです。差し出し人は、当時より一年前に私が洗礼を授けた方でしたが、この手紙を拝見してこのような質問に答える分かりやすい本がないことに気づきました。本書は、この手紙への返事という動機から生まれたものです。

日本では、「キリスト教」に興味をもつ方は少なくないと思いますが、その「教え」を学ぼうとするとき、プロテスタントの「牧師」のところに行くべきか、それともカトリックの「神父」のところに行くべきか、迷う人も少なくないようです。二種類のワインのうち、どちらがおいしいかという問題でしたら、両方をお試しくださいと言えるでしょう。一口飲んだら、分かるはずだからです。プロテスタントとカトリックについても、同じように一口お試しをと言いたいのですが、残念なことに、牧師や神父の話を一回ぐらい聞いただけでは、どちらがおいしいかは分からないのです。両方の話をじっくりと聞けば分かるでしょうが、忙しい生活を送っている人びとにとって、これは無理なことかもしれません。

この事実は、本書を書くうえでの第二の、そして真の「動機」になりました。なるべく神学上の難しいことに立ち入ることをせず、キリスト教の名前だけを知っている方にも分かるように書いたつもりですが、この点について成功したかどうか、やはり不安です。とにかく、一応、読んでみてください。

それと、残念なことに、本書では思いどおりにならなかったことが一つあります。プロテスタントとカトリックの主な相違点を説明するのが本書のねらいですが、この説明を客観的にしようと努力しても、著者自身がカトリックですから、どうしても比較の対象とされるプロテスタントは「カトリックの目で見た」プロテスタントになってしまうのです。これは避けられないことですが、もし、本書にプロテスタントについての誤解のようなものがあれば、おわびするとともに、ぜひお教えいただきたいと思います。

最後に、もう一つだけお断りしたいことがあります。それは、カトリックの場合、教会とその教えが「一つ」であるのに対し、プロテスタントの場合は、そうでないということです。すべてのプロテスタントの教えが一致していれば、カトリックとの相違を見いだすことも比較的簡単でしょうが、いろいろな宗教のうちには「プロテスタント」と言えるかどうかという問題さえもあります。これも私自身、どうしても解決できない問題ですので、プロテスタントの方はこの本を読んで物足りない気持ちになるかもしれませんが、その点はおゆるし願います。

では、どうぞごゆっくりお読みください。

＊　＊　＊

追記――本書は、発行後まもなく、第二刷を出すはこびとなりました。この際、数多くの読者から、貴重なご意見をいただいたことを感謝するとともに、そのおかげで、二カ所ほど（116、134ページ）手直しした部分があることをお断りいたします。

目　次

第二部　カトリックとプロテスタントが相違する点

第三部　宗教社会学の立場から見た相違点

第一部　カトリックとプロテスタントに共通するもの

1　テーマに入る前に

日本人は、「宗教」よりも「自然」が好きであると言われています。日本人は、キリスト教のような「唯一の」神に向かって「祈る」ことはしませんが、広大な景色やちっぽけな花などの自然に対しては、時間を忘れるほど没頭してしまいます。「人生の問題」についても、もちろん大きな関心をもちますが、宗教心をもたないと言われる日本人は、人生を「運命」または「宿命」によって決定づけられるものと考えるようです。

日本人が無神論であることは、統計によっても証明されています。例えば、一九七三年に三〇五五人について行われたアンケートでは、「あなたは何か信仰をもっていますか」という質問に対して、「イエス」と答えた人は、わずか二五パーセントでした。また、一九七四年、七五年に行われたアンケートでは、「宗教的信仰はあなたにとって非常に大切ですか」という質問に対して、「イエス」と答えたのは、インド人は八六パーセント、アメリカ人は五八パーセント、そして日本人はたったの一四パーセントでした。

日本人は宗教的にも非常にユニークな民族であるから、もし宗教をもっているとしたら、それは「日本教」すなわち「人間教」であるに違いないと言われています（イザヤ・ベンダサン著『日本人とユダヤ人』参照）。マルクスの言葉を借りて言えば、宗教は日本人にとってアヘンであり、「日本人疎外」の原因となり得るようです。そうであるからこそ、日本人がマルクス教（無神論）に対して非常に魅力を感じたのも当然と言えるでしょう。

以上述べたことはいまだに通説とされているようですが、これだけではすべて説明されたことにはならないと思います。日本人の方が、西洋人よりも宗教心が強いのではないかと思われるような事実もあります。

例を挙げますと、西洋人も日本人も、亡くなった身内のために祈ることはしますが、かわいがっていた犬の「霊」を慰めるために祈るのは、日本人だけです。また、一年間世話になった針を供養するという儀式も、アメリカやヨーロッパでは決して見られません。使えなくなった時計とか、子どもたちが遊んだ人形などを、そのまま捨てずにお寺で焼くという儀式も、西洋では考えられないことです。さらに、スクラップにされた船の「霊」を慰めたり、職場に祭壇のようなものを置いたり、新しい橋や道路を開設するときに、神主を呼んでお祓《はら》いをしたりすることも日本独特のものです。

このことを考えると、日本人よりも西洋人の方が、どうも無神論者のようです。さらに統計を見ると、日本の宗教法人が把握している信者数を総計すると、国民の総人口をはるかに超えてしまうという、何とも不思議な結果が出ています。こんなことは、西洋ではあり得ないことでしょう。（以上の統計は、『現代人と宗教』ジュリスト増刊総合特集一九八一年）。

前に、日本人はマルクス教に相当の関心を示したと言いましたが、なぜ、日本人はマルクス教になれなかったのでしょうか。日本人は無神論であると言いましたが、同じように、日本人は「汎神論者」であるとは言えないでしょうか。確かに、日本人の人生観と西洋人の宗教心は別の形をとっていますが、共通する点がないでしょうか。人生を、運命からではなく、神の摂理から考えるというのも、一つの人生観と言えないでしょうか。

読者の方々はびっくりするかもしれませんが、プロテスタントもカトリックも日本語でいう「キリスト教」というものは、実は「宗教」ではなく、むしろ「レリジョン（religicn）なのです。確かに、英語、ドイツ語、フランス語などでのこの「レリジョン」という言葉は、「宗教」と訳されていますが、「レリジョン」と「宗教」の言葉の語源を見ると、二つは異なったものであり、別の意味内容をもつものであることが分かります。

明治時代より以前は、ヨーロッパ生まれのこの「レリジョン」を表現する言葉は、日本にはありませんでした。もちろん神道や仏教はありましたが、それらは「宗教」とは言われませんでした。その後、すなわち明治時代になってから、特に仏教の関係で、さまざまな「宗派」があったことから、「宗派」の「教え」＝「宗教」という新語がつくられたのです。しかし言語学的に考えると、この言葉は、ヨーロッパで昔から存在したラテン語の religio または、これに由来する近代後の religion とは違った意味をもっています。

レリジョンの語源については、四、五世紀からさまざまな説が出されていますが（re-eligere＝再び選ぶ、re-ligare＝再び結ぶ、re-legere＝再び読む）、レリジョン、すなわち信仰によって人間が神と結ばれるという理解が普通でしょう。神を信じる、神を信頼するということは、神についての「教え」があるということだけでなく、その教えに基づいて生き、行動するということです。単なる「教え」というものは、例えば「イスラム教」を学ぶというように、教えたり勉強したりできるものですが、真の意味のレリジョンは頭で勉強するものではなく、心の問題であり、心のなかで神と結ばれるということです。

念のために申し添えますと、日本でレリジョンに対応する「言葉」が存在しなかったとしても、そのことから日本人がレリジョンをもっていなかったということにはなりません。

また、もう一つ注意したいことは、前に説明した「宗教」と「レリジョン」の区別は、語源の区別であり、時間が経過した現在では、「宗教」と言うときに、頭のなかで「レリジョン」のことを考えているということがよくあります。しかし、「宗教」という言葉のもつ歴史から、今でも神道は宗教ではないとする人もいるようです。語源学的にのみ考えると、確かにそうかもしれませんが、「レリジョン」という観点から捉えると、神道もまさしく一つのレリジョンに違いないのです。

キリスト教に限らず、どんな国でも、今も昔も、レリジョンはあったし、近代では国家権力によって人間から宗教心を追放しようという試みもありましたが、いまだに成功しなかったようです。

本書は、いわゆるキリスト教だけを対象とするため、まず、カトリックとプロテスタントに共通するいくつかの特徴を簡単に紹介することから始めましょう。

2　まったく同じ唯一の神

プロテスタントもカトリックも、拝む「神」(God)は、唯一の神であり、しかもまったく同じ神です。日本だけではなく、他の国でも、昔からいろいろな神々を拝む民族がいましたが、キリストをまだ知らなかった旧約時代のユダヤ人は、神として一つだけ、すなわち「ヤーウェ」しか認めませんでした。したがって、ヤーウェ以外のものを拝むのは、大罪(偶像礼拝の罪)とされたのです。今では、「ヤーウェ」という言葉は、過去(旧約聖書時代)のものとなりましたが、それは永遠に変わらぬ神のことで、万物が彼によって創造されたことから、「創造者」とも言われます。

今から四百数十年前、フランシスコ・ザビエルが初めて日本にキリスト教を伝えたとき、宣教師たちは言葉遣いの点で大変苦労したようです。日本語が難しいというだけでなく、キリスト教の概念を伝えるための適当な用語がなかったからです。そして、当時の宣教師たちは、八百万《やおよろず》の神々と区別するために、キリスト教の唯一の神を「デウス」(ラテン語のDeus)と呼ぶことにしたそうです。

実は、私が来日した頃――数十年前のことですが――カトリックの言葉遣いで、この唯一の神は「天主さま」と呼ばれていましたが、最近ではこの言葉はほとんど使われなくなったようです。八年ほど前、長崎から五島列島に行ったときのことです。近くにあるはずの古い教会を訪ねようと思い、通りがかりのおばあさんに、「すみませんけれど、カトリック教会はどちらでしょうか」と尋ねました。おばあさんは、しばらくの間、「さあてね」と考えていましたが、やがて、「ああ、天主堂のことだね、この先のすぐですよ」と教えてくれたのでした。

この天主堂の「天主」というのは、もちろんプロテスタントとカトリックが使っている「神さま」とまったく同じものです。しかしキリストはこの世に来られたときに、旧約時代のユダヤ人が知らなかったことをたくさん教えてくださいました。その一つが、「三位一体」（Trinity）のことです。

すなわち、神は一つですが、一つでありながら、「父」、「子」（キリスト）、そして聖霊の三者があります。そしてこの三つのペルソナは、いずれも完全な神であり、しかもこのことは神が三つあるということではないのです。これは、いわゆる「三位一体」という信仰の神秘（秘義）であり、どんなに説明しても理解され得るものではないのですが、プロテスタントの人もカトリックの人も、これを理解できないにしろ、皆、「信じる」のです。信仰の神秘（mystery）は、矛盾という言葉ではありません。

例えば、2＋2＝4と言えば、これは誰にでも理解できることで、矛盾でも神秘でもありませんが、2＋2＝1と言えば、これは神秘でもなく、単なる矛盾です。神秘というものは、ちょうどその中間にあるようなもので、矛盾でもなければ、当然、人間に理解できることでもありません。しかしキリスト信者は、キリストを信じ、信頼しているため、このような理解できないことも、神の言葉だから真理として受け止めているのです。新約聖書にもこの三者のことは書かれていますが、もちろん「ペルソナ」と「三位一体」は後になってつくられた用語です。

以上のことについては、プロテスタントもカトリックも完全に一致しており、このことはキリスト教と他の多くの宗教との決定的な違いでもあります。ただ、この唯一の神は、遠いところに存在するようなものではなく、どこにでも、人間の心のなかにも生きる神なのです。聖書からも分かるように、この何でも知っておられる、また何でもできる全知全能の神は、父のように私たちを愛しておられるのです。「天におられるわたしたちの父よ……」という「主の祈り」は、カトリックもプロテスタントも心を合わせて唱えられるすばらしい祈りです。

日本では、不幸なことが起こったとき、「これはその人の運命なのだ」とか、「その人の宿命だ」ということをよく言います。しかし、キリスト教では運命とか宿命は存在するはずがないため、このような言葉は無意味です。存在するのは、私たちのことを心配しておられる神であり、私たちには理解できないどんなことが起こっても、それは私たちを愛してくださる神の計画に入っていることなのです。そうであるからこそ、カトリックでもプロテスタントでも、神の「摂理」を信じますが、「運命」というものは信じないのです。

3　まったく同じキリスト

言葉遣いには、ときどきおもしろいことがあります。例えば、日本では現在、カトリックの人は「私はカトリックです」と言うのに対して、プロテスタントの人は「私はクリスチャンです」と言うことがよくあります。しかし、よく考えてみると、カトリックの人もプロテスタントとまったく同じ「キリスト教徒」、すなわち「クリスチャン」なのです。クリスチャン（Christian）という意味は、キリスト（Christ）から作られた英語ですが、カトリックの人もキリスト教徒でなければカトリックとは呼ばれません。

すでに紀元後一世紀には、アンチオキアという町で、キリストを信じる者は「クリスチャン」と呼ばれていました（使徒言行録11・26参照。ギリシャ語の原文では「キリスティアノイ」、ラテン語の原文ではchristianiとなっています）。

本書では、キリスト教の詳細まで紹介する余裕はありませんが、とにかくキリストは生まれたとき、Jesusと名づけられたのです。マリアも自分が生んだ子どもを、このように呼んだわけですが、日本語では「イエスス」か「イエズス」か、それとも「イエス」と呼ぶべきか、どうもはっきりしていないようです。これはJesusの名前からくる問題というよりも、日本語の問題でしょう。

とにかく、イエスは人間となった神であり、主イエス・キリストはすべての人々の救い主であり、すべての人々のために十字架にかけられ、殺され、そして三日目によみがえったということは、すべてのキリスト信者が、プロテスタントもカトリックも、信じているることなのです。

4　聖書も大体同じ

キリスト教で最も大切にされる本は、バイブルです。英語の bible という意味は、実はギリシャ語の biblos という語から作られたもので、単に「本」という意味をもつものですが、この本は、他の本とは違って神の言葉を含んでいるために、日本語では「聖書」と呼ぶことになったのです。この「聖書」は世界のベストセラーで、毎年四千万冊以上売られ、キリスト教徒が少ない日本でも毎年六百万冊以上売られているそうです。

聖書と言っても、一つの「書」だけを意味するものではありません。キリスト以前の旧約聖書もあれば、キリスト以後の新約聖書もあり、さらに両者は、さまざまな「書」に分かれています。でも、プロテスタントとカトリックが使っている新約聖書は、タイトルの言葉遣いは少し異なるところがありますが、その内容はまったく同じです。

私が、フランクフルトのカトリック神学部で勉強していたとき、教科書として使った新約聖書は、その原文はギリシャ語とラテン語でしたが、これはプロテスタント出版で有名な Eberhard Nestle 監修の新約聖書でした。今でもこれを大事にしてよく使っています。というのは、原文に優る訳書が、どうしてもないからです。

旧約聖書になりますと、カトリックが認めた「書」のうちには、プロテスタントが認めないものも確かにあります。そのために、先ほど、このテーマに入る前に、「大体」聖書も同じと言ったわけです。それについて、プロテスタントとカトリックが一致しないのは残念ですが、しかし、このような相違はキリスト教を理解するうえで何の妨げにもならないと思います。

ちなみに、どのような「書」がカトリックまたはプロテスタントによって「聖書」として認められるのかということについては、聖書のどこにも書いてありません。したがって、この問題は、聖書だけでは解決されない問題と言えましょう。

書店にある、あるいはあなたが持っている聖書が、プロテスタント出版のものか、カトリック出版のものかを知るには、非常に簡単な方法があります。手元に聖書があれば、開いてごらんなさい。もしページの下に、または各書の後に注釈があれば、それはカトリック出版のものです。注釈がまったく無ければ、プロテスタント出版です。

もちろん、これは絶対で例外がないとは言えませんが、通常はこのようになっています。つまり聖書にはときどき難しい言葉や意味の分かりにくい箇所があるため、カトリックの場合、注釈をつける習慣がありますが、プロテスタントでは——後に改めて説明するように——「聖書のみ」（sola scriptura）という考えから、聖書の言葉だけを書き、その解釈は読む人に任せるという習慣があるのです。

しかし前にも述べたように、プロテスタントとカトリックの新約聖書がまったく同じであるという点には、間違いはないのです。

5　同じ洗礼

洗礼は、それを授ける人が、受ける人の額に水を注ぎながら、「○○さん、私は父と子と聖霊とのみ名によってあなたに洗礼を授けます」と唱えることによって行われます。これによって、この「秘跡」（sacrament）を受ける人は、神の子として新たに生まれ、教会の一員となるわけです。カトリックでいう「秘跡」という言葉の意味は、目に見える儀式（水を注ぐなど）、「跡」で、目に見えない恵み、「秘」が与えられるということです。

信者になるためには、どうしてもこの洗礼を受けることが必要です。この洗礼は、プロテスタントでもカトリックでも同じで、通常は司祭または牧師によって授けられますが、緊急の場合にはどんな人によっても、その意志さえあれば授けられるものです。だから、例えばプロテスタントからカトリックに改宗するときには、さらにもう一度、カトリックの洗礼を受けるということはできません。

しかし、この儀式のやり方については、多少異なった習慣があります。その一つは、カトリックでは、受洗するときに新しい名前、すなわち「洗礼名」が与えられますが、プロテスタントの場合は、このような習慣はありません。その他にも「代父」や「代母」が洗礼に立ち合うとか、ベールやろうそくをもらうとか、カトリックの場合だけに行われる習慣がありますが、これらは受洗の本質ではなく、昔からのカトリックの伝統のあらわれにすぎないのです。

また、聖霊の豊かな恵みをいただくために、「堅信」(confirmation)という秘跡もあり、これはプロテスタントも大体、認めています。しかし、プロテスタントからカトリックに改宗する場合、もう一度、この堅信の秘跡を授けるということがあります。なぜ、この点で洗礼と堅信が違うのかと言いますと、やはりカトリックの理解では、堅信を授けられる者は(洗礼とは違って)誰でもかまわないというのではなく、いかなる場合でも叙階の秘跡を受けた者（司教、場合によっては司祭）に限られるとされるからです。したがって、カトリックの見解では、無効であった堅信を、再び司教（または司祭）の手によって授けることがあるわけです。

前に、信者になるためには、必ず洗礼を受ける必要があると言いましたが、これはプロテスタントが決めたことでもカトリックが決めたことでもありません。キリスト自身が、はっきりと命じたものです。

旧約時代では、イスラエル民族でない人でも、神の命じた「割礼」を受けることによって選ばれた民の一員となることができました。それが新約時代になってから、イエスは弟子たちに洗礼を授けることを命じました。この言葉は、マタイによる福音書の最後の部分で、次のように記されています。

「わたしは天と地の一切の権能を授かっている。だから、あなたがたは行って、すべての民をわたしの弟子にしなさい。彼らに父と子と聖霊の名によって洗礼を授け、あなたがたに命じておいたことをすべて守るように教えなさい。わたしは世の終わりまで、いつもあなたがたと共にいる」。

だからこそ、キリスト信者になるためには、新約聖書に書いてあるすべてのことを心のなかで信じるだけでなく、キリストの命じた洗礼も受けなければならないのです。この点については、プロテスタントもカトリックも一致しています。

6　カトリックでもプロテスタントでもない「キリスト教」

難しい問題になりますが、キリスト教関係として生まれた「宗派」の中には、カトリックでもプロテスタントでもないものがあります。これは、いつの時代にも、どこの国にもあったもので、これからもこのような宗派は生まれてくるでしょう。こればかりでなく、その宗派の中には、もはや「キリスト教」とさえ呼べないものもあります。

例えば、キリスト教ではあるが、しかしプロテスタントとは言えない例としては、日本に生まれた、いわゆる「無教会」が挙げられます。さらにプロテスタントでもなく、キリスト教でもない例としては、最近、韓国で生まれた「世界基督教統一協会」(原理運動)といったものが挙げられます。

無教会と言うと、どうしてもその提唱者である内村鑑三（一八六一—一九三〇）の名を挙げることになりましょう。かれは、十七歳のとき、他の学生五人と一緒に、メソジスト牧師ハリス師の手で洗礼を受けましたが、その後、洗礼を含む他の秘跡と、教会という制度の必要性をすべて断固として否定したのです。無教会の教えによれば、必要であるのは、ただ歴史を超えるキリストに生きることであり、教会のような制度と洗礼のような儀式は、一切やめるべきであるということです。

ただ、おもしろいことには、内村鑑三自身、自分の息子がドイツ留学にたつ前に、自ら洗礼を授け、また自分の受洗五十周年の記念日にも、十二人の人々に、「シンボルとして」洗礼を授けたのです。無教会では、聖書を研究するための集会を開きますが、そのメンバーになるには、グループのリーダーないしは先生の許可が必要であるようです（内村自身は、毎年自分のグループを、一つの組織にならないようにと解散させていたそうですが）。

つまり、無教会は、信者は教会の中ではキリストの真の精神に沿って生きることはできないという理由から、キリスト教は、ただ個人と神との間だけのことであるとするのです。無教会の見解では、プロテスタントは、カトリックの堕落した教会組織を拒みはしたが、やはりプロテスタントもまた自らの組織をつくることになったということです。

無教会は、プロテスタントに比べ、その歴史も浅いため、これがどのように発展するかについては何も言えないが、内村鑑三が活躍した時代には特に、数多くの影響力のある学者が無教会主義者となり、インテリと呼ばれる人の中にも、この種のキリスト教に同調する者も少なくなかったようです。

私は、十五年ほど前に京都で入院したことがありますが、その時、世話をしてくれた看護師さんが、東京大学総長も務めた矢内原忠雄（一八九三―一九六一）の『キリスト教入門』という本をくださいましたが、神とキリストに対する愛で燃えている本です。と同時に、無教会主義者であった著者は、カトリックもプロテスタントもあまりよく知らなかったのではないかということも強く感じました。例えば、この本の中には次のような箇所があります。

「目に見える教会制度の特徴は、その儀式にある。ローマ・カトリック教会には、九つのサクラメント（秘跡）と称される儀式がある。プロテスタント教会はそのうち二つだけを保存して、聖餐式および洗礼を実行する。無教会はこれら二つの儀式さえも実行せず、ただ信仰のみによってキリストにつらなることができる、と主張する」。

しかし、カトリックが「保存する」秘跡は九つではなく七つであり、また、プロテスタントが「保存する」のは、確かに二つですが、それは大体において洗礼と堅信、または洗礼と「聖餐式」だけです。

もう一つ、驚いたところは、つぎの箇所です。

『公教要理』はカトリック教の公定の教義を述べたものであって、その範囲を出ることはカトリック信者には許されない。それはカトリック教会の教義を人に強いるものであって、各人が直接神から教えを受けるという人間の基本的自由を損なうものである。神の真理は各人が聖書によって直接神から啓示されるところであり、したがって一般の人に聖書を読むことを禁ずることは、人と神との直接関係を遮断するものであって、最大の専制と言わねばならぬ。各人は聖書を読み、かつ研究する自由を与えなければならぬのである」。

ここではカトリックは一般の人が聖書を読むことを禁じていると言っていますが、これはもちろん、コメントの必要がない大きな誤解です。

また、プロテスタントからも、カトリックからも、神の言葉として何よりも大事にされているこの聖書について、矢内原忠雄は、別のところで次のように述べています。

「マタイ伝の最後にある有名な言葉でありますが、イエスが天に昇られる時に弟子たちに命じて『汝ら往きてもろもろの国人を弟子となし、父と子と聖霊との名においてバプテスマ（洗礼）を施せ』とある。ただこれは聖書学者の研究によると、イエスの言葉ではなくて、後の時代の付記であると認めることが今日一般の解釈であります」。

つまり、無教会の理解で洗礼という儀式は必要ないという主張がなされており、このような解釈では、洗礼の必要性も出てこないわけです。しかし、洗礼の必要性については、カトリックもプロテスタントも意見が一致しています。もちろん、この引用の言葉が、キリストの言葉ではなく、または「後の時代の付記である」というようなことは、聖書のどこにも書かれてはいないのです。

以上のようなことから、無教会はプロテスタントでさえもないということになります。これについては、無教会の人からの異論もあるかもしれません。

しかし、このことはまったく別の理由で、原理運動についても言えることです。原理運動は、無教会とは正反対に、非常に強い組織をもっています。文鮮明の若い信奉者が、何度も私の大学の研究室にやってきて、インタビューを申し込まれたこともありました。最初、彼は統一協会の信者であることを隠していたため、ついこれに応じていましたが、今では協力を断っています。

この統一協会が、キリスト教から影響を受けたことは事実です。しかし、これがプロテスタントまたはカトリックとどれほど違うものかを知りたければ、『原理講論』に目を通せばすぐに分かるでしょう。この本の各ページには、旧約聖書と新約聖書が参考としてのせられているため、一見すると、統一協会の教えは非常にキリスト教的であると思われるかもしれません。でも、その序文の中に、「聖書は真理それ自体ではなく、真理を啓示してくれる一つの教科書」であるとしており、これで、この教えはキリスト教とはまったく異質なもの、つまりキリスト教ではないことになります。前に説明したように、キリスト教には、三位一体というような人間の理解を超える「神秘」がいくつかあります。プロテスタントもカトリックも、このような神秘を理解しようというのではなく、ただ信じるという態度をとるのです。

これに対して、統一協会のバイブルとも言える『原理講論』は、「今まで難解な問題と見なされた三位一体の問題に対しても、根本的な解明がなくてはならない」としています。また、キリスト教社会は現在、堕落状態に陥っているばかりか、「罪のない個人も、罪のない家庭も、罪のない社会も、一度たりとも存在したことはなかったのである」とも述べています。そして最後に、この本では、人間の救いは次のようにして行われると説明されています。
「しかるに神は、既にこの地上に、このような人生と宇宙の根本問題を解決されるために、一人のお方を遣わし給うたのである。そのお方こそ、即ち、文鮮明先生である。先生は、幾十星霜を、有史以来誰一人として想像にも及ばなかった蒼茫たる無形世界をさまよい歩きつつ、神のみが記憶し給う血と汗と涙にまみれた苦難の道を歩まれた。人間として歩まなければならない最大の試練の道を、すべて歩まなければ、人類を救いうる最終的な真理を探し出すことはできないという原理を知っておられたので、先生は単身で、霊界と肉界にわたる三億万のサタンと戦い、勝利されたのである。そうして、イエスをはじめ、楽園の多くの聖賢達と自由に接触し、密かに神と霊交なさることによって、天倫の秘密を明らかにされたのである」。

　ここで、これ以上この本の内容を紹介する必要はないでしょう。宗教の自由と他人の宗教心を尊重することは当然ですが、キリスト教として普及させることは、問題でありましょう。つまり、統一協会の教えが、キリスト中心的なものではなくて、文鮮明先生中心的なものであることは明らかです。プロテスタントもカトリックも、やはりこのような「教理」を認めることはできません。このような宗教も一つの「宗教」でありましょうが、日本のカトリック司教団が一九八五年に宣言したように、「キリスト教」とは決して言えないのです。

最後にキリスト教ではない宗教の例として、もう一つ、「エホバの証人」を挙げておきましょう。この宗派にこのような名称をつけたのは、一九四二年に亡くなったジョゼフ・フランクリン・ラザフォードでしたが、エホバの証人は特に輸血拒否の問題で各国に知られることになりました。

日本でも、最近（一九八五年）、交通事故で重傷を負った子どもが川崎のカトリック病院に運ばれましたが、父親が宗教的な理由から輸血を拒否したため、死亡するという事件が起きました。

この事件は、当然大きな注目を浴び、警察も「殺人の疑い」で調査しましたが、結局、因果関係などを証明するのが困難で、その父親の刑事責任を追求するまでには至りませんでした。しかし、この出来事はマスコミでも大きく取り上げられ、この父親とその宗教が非難の対象となることもありました。もちろん、一部の人々は、父親の勇気と宗教心に感心したかもしれません。

ちょうどこのとき、私は、八年ほど前に洗礼を授けた二人の子どもをもつある母親から手紙を受け取りました。新聞では、このような「エホバの証人」が「キリスト教徒」であると書かれていたせいか、この母親は非常に迷っている様子でした。「神父さま、私はいつも神さまに従うべきだとはよく分かっていますが、このようなことは納得いきません、どうしてもできません」。これがこの手紙の要点でした。

実は、このような宗教は、プロテスタントでもカトリックでもないということを念頭に入れる必要があります。というのは、エホバ（これは旧約聖書の「ヤーウェ」のことですが）の証人は、原罪という教えばかりではなく、神は一つしかないというキリスト教の重要な教義さえも認めないからです。その反面、旧約時代だけ、ユダヤ人だけが守るべきであったものを、今現在、非常に異なった解釈によって守ろうとしているのです。

私は、上智大学で法哲学のゼミナールをもっていますが、その中に一人の熱心な女子学生がいました。ゼミは十人ほどの小さなグループであったため、私はいつも研究室で皆にお茶を出しながら勉強しておりました。ところが、この女子学生だけはいつも喜ばないのです。「先生、お茶を出すのは大変じゃないでしょうか。出さないほうがいいと思いますが」。――「いえ、簡単ですよ。お湯を入れるだけですから」。

私はいつもそう言っていましたが、ある日、彼女の真の問題がどこにあるのか、分かりました。この学生はエホバの証人で、旧約時代のユダヤ人と同様に、他の宗教の人、つまり「異邦人」といっしょに飲食することは、彼女にとっていけないことだったのです！　もちろん、彼女は私が準備したお茶は一切飲みませんでした。

このとき教えてもらったことですが、エホバの証人は、手術を拒むこともないし、血さえ絞れば肉も食べるそうですが、輸血だけは絶対にいけないとのことです。よく分かりませんが、肉から血を絞ったとしても、血が全然残らないということは信じがたいことでしょう。とにかく、旧約時代のこの規定はあまり厳しく解釈されていないようです。これに反して、旧約時代にはまだ行われていなかった輸血を、本人が死に至ることになっても認めないというのはあまりにも厳しすぎるのではないでしょうか。

東京の四谷にあるカトリック聖イグナチオ教会では、毎年二、三回ほど献血が行われています。プロテスタントの教会でも同じ運動があるでしょう。ときどき、身体障がい者の方も献血しているのを見て、感動することがあります。

キリスト教は、場合によってはキリストのために命を懸けるという厳しさをもつものかもしれませんが、輸血の拒否はキリストの教えではありません。とにかく、これについては、プロテスタントもカトリックも意見が一致しているところです。

第二部　カトリックとプロテスタントが相違する点

1　その歴史の違い

これから、本書の第二部に入るわけですが、プロテスタントとカトリックの相違点を示すのが本書の主題であるため、当然、第一部よりも長くなります。そして、これから説明する相違点を理解するためには、すでに示した共通点を念頭に入れる必要があることを留意しておきたいと思います。

さて、日本語にはカトリックを示すものとして「旧教」、プロテスタントを示すものとして「新教」という言葉がありますが、確かにカトリックはプロテスタントよりも歴史が古く、さらに日本に先に布教されたのはカトリックですから（一五四九年より）この言葉遣いは正しいでしょう。

ここで、カトリック教会の歴史を書くことはできませんが、その始まりは、いわゆる「聖霊後臨」の日であることだけは書いておきたいと思います。主イエス・キリストがこの世から父のもとに帰られて(ご昇天)から、その弟子たちは聖母とともに十日間祈り、約束された聖霊の恵みを受けたのです。その日まで弱い人間であった弟子たちは、その恵みによって強くなり、ペトロは説教をし、その結果、三千人もの人が洗礼を受けることになりました。

カトリック教会の第一章は、新約聖書の「使徒言行録」に記されているとも言えるため、ぜひ、この書を読むことをおすすめしたいと思います。読むと分かるように、初めは迫害も数多くあり、キリスト教徒の間での争いも起き、さらに早期には異端者さえもいました。

日本におけるカトリック教会の歴史も、これによく似ています。数多くの殉教者もいたし、「転んだ」キリスト教徒もいました。「教会」は、キリストによってつくられ、聖霊の力によって支えられているものですから、この世が終わるまで存在するはずですが、神は人間を強制しないため、転ぶ信者の歴史は教会と同じくらい古いものです。いや、キリストを裏切ったユダのことを考えると、もっと古いものであると言っていいでしょう。

プロテスタントの歴史は、十六世紀にルターによって始まりましたが、これは西洋史の本にも書かれているため、詳しくはそれを参考にしてください。一四八三年、ドイツのアイスレーベンに生まれたルターは、聖アウグスチノ修道会に入会してから司祭として叙階されました。一五一一年には、自らが所属する修道会の仕事でローマにも行きました。

公にカトリックから離れたのは、一五一七年十月三十一日、ヴィッテンベルク城の教会の扉に、有名な「九十五箇条の提題」を張ったときのことです。この時代から、ヨーロッパの一部のキリスト教徒はローマ教会から離れることになりましたが、カトリック教会とその教えは、これによって何ら変わることはありませんでした。

教会の歴史の内容は過去の事実で、私たちはその事実をより深く、より正しく研究することができますが、歴史的な研究をする人は、どうしても歴史的な出来事を自分で考え、自分なりに評価することになります。

それゆえにカトリック教会またはプロテスタント教会に関する歴史的な事実は唯一のものであるのに、その評価は、カトリックの人の目で、あるいはプロテスタントの人の目で、さらにはカトリックでもプロテスタントでもない人の目でなされると、それぞれ異なってきてしまうのです。

カトリックでもプロテスタントでもない人、つまり「外から」見たならば、十六世紀にはヨーロッパにおけるキリスト教（徒）が二つに分かれたと考えるでしょう（47ページの図A）。

カトリックの人から見れば、十六世紀にプロテスタントが、今まではキリスト教を正しく伝えてきた教会から離れてしまったと評価するでしょう（図B）。

プロテスタントはどのように考えたでしょうか。著者はプロテスタントではないため、その評価をプロテスタントの神学者の言葉で紹介させていただきます。

「この初期キリスト教史をパターンとしてその後の歴史を見るならば、後者の意義や価値もおのずから明らかになるであろう。まず中世の教会は初期教会の伝統を受けついだとはいえ、余計なものを加えたり不要なものを設けたりして、行き過ぎや固定化に陥った。マリア崇敬、教皇絶対主義、実体変化説などが、それである。それに対して是正と打開との動きがすでに中世に芽生えた。フランシスコ会、ヴァルドー派、共同生活兄弟会などはその例である。しかしまだ時機が熟さなかったせいか、それらの運動は十分な効果を発揮するには至らなかった。

しかるに、十六世紀の初めにルターが自らの体験に即して改革ののろしを上げたとき、すさまじい反響がおこり、全キリスト教界の少なくとも三分の一がそれに呼応して、プロテスタント教会は出現した。これは聖書の福音に帰ろうとする運動であったが、その福音はパウロのそれであった」。（由木康著『キリスト教新講、イエスから現代神学へ』中公新書、一九七五年、一七八、一七九頁）。

したがって、プロテスタントによる教会の歴史の評価は図Cのようになります。

もちろん、この三つの異なる歴史観のうち、一つだけ正しいのでしょうが、それがどれであるかということになると、歴史的な事実だけでは分からないのです。

実は、プロテスタントの中には、キリスト教は「信仰のキリスト」であるが、「ナ

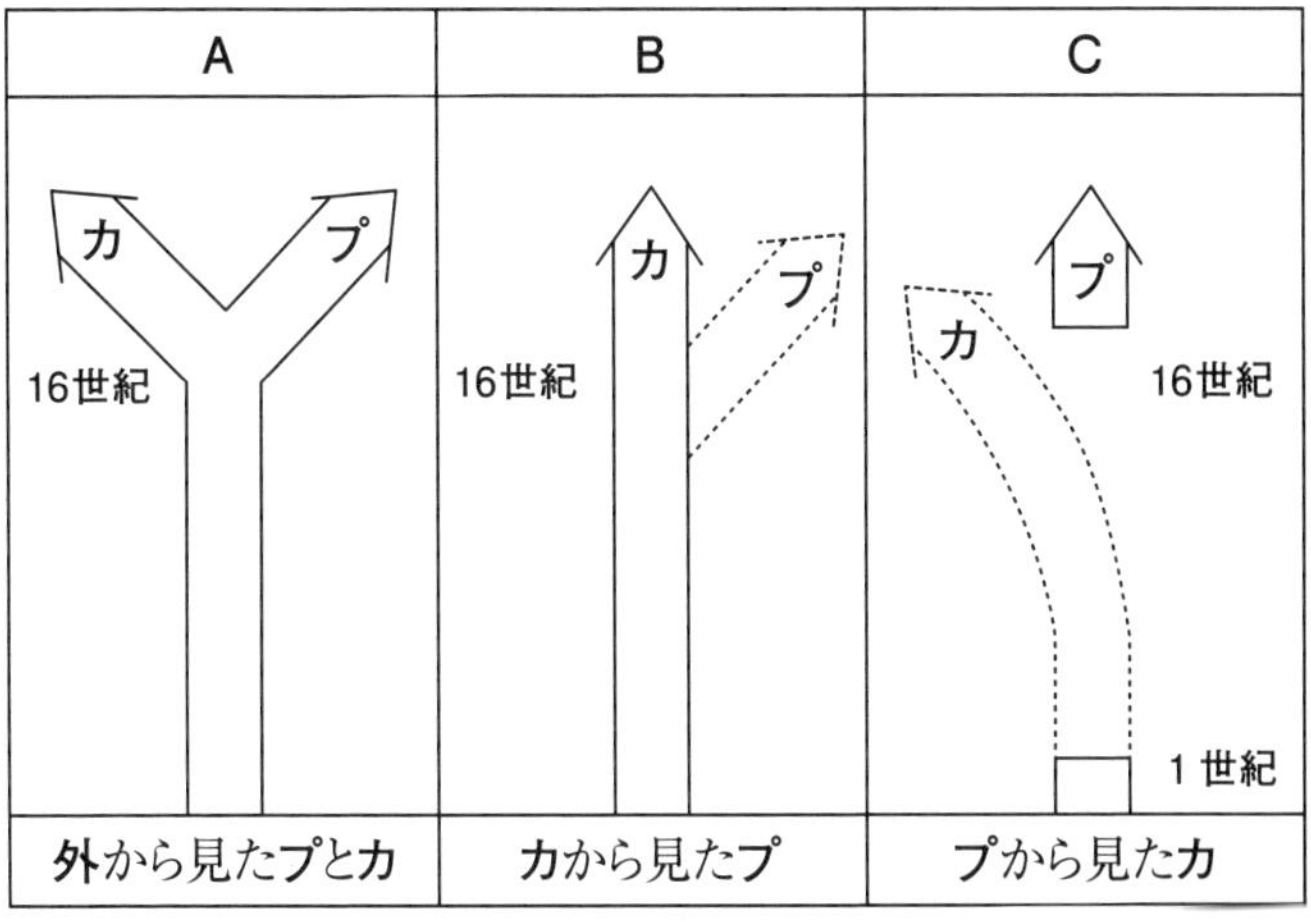

カ＝カトリック、プ＝プロテスタント、外＝どちらでもない立場

ザレのキリスト」は歴史的に存在した人物とは言えないとする説さえあるのです。

プロテスタントには、ヨーロッパ大陸で生まれたさまざまな宗派がありますが、他にも、イギリスで生まれた聖公会（Anglican Church）のような教会があります。聖公会は、他のプロテスタント教会に比べて最もカトリックに近いものと言えましょう。

しかしローマ・カトリック教会とは、やはり違います。日本聖公会によると、「聖公会は、ローマ教皇の教権と統治に逆らった点ではプロテスタントであるが、使徒継承の信仰と伝承を護持する点でカトリック教会である」とされますが、やはりカトリックからは離れたものであります。

このように、プロテスタントの教会は、十六世紀ごろのヨーロッパにおいて、カトリック教会から離れたわけですが、前世紀および今世紀にも数多くの教会がアメリカで生まれました。

このようなアメリカ型の教会の特徴は、新しいことを別にしますと、古いプロテスタントのように聖書にある主イエス・キリストの教えを純粋にそのまま伝えるというよりも、各教会のその創立者の宗教的経験とひらめきを基本とするところにあるようです。歴史的に見ますと、これはカトリックから発生したものではなく、むしろすでにアメリカにあったプロテスタントのさまざまな教会の影響を受けながら、各創立者独自の考え方によってつくられたものと言えます。

例えば、モルモン教会（「末日聖徒イエス・キリスト教会」とも言います）が、その一例です。その創立者であるジョセフ・スミス（Joseph Smith 一八〇五―一八四四）は、メソジスト教会の影響を受けましたが、その後、自らが主張するところによれば、旧約時代の預言者であったモルモンの息子が彼に現れて、その結果、いわゆる『モルモン経』（*Book of Mormon*）という、この教会が最も大事にする本ができたとのことです。日本では、一九六九年と七〇年にかけて、この『モルモン経』は十五万冊ほど配布されたと言われています。この本の中では、アメリカが「新しいエルサレム」（シオンの国）になるといった予言がなされていますが、旧約聖書時代にあった一夫多妻を復活させるというスミスの試みは、裁判所の問題とされ、ついに失敗に終わりました。しかしこの教会でも、聖書、洗礼、三位一体、救い主であるイエス・キリストなどは認められています。

以上のように、プロテスタントの各教会の歴史というのは、それぞれ非常に異なっているということが明らかになったと思いますが、異なるのはその歴史だけではありません。各プロテスタント教会の「教え」（教義）も、当然のことながら異なっています。

そのため、これらプロテスタントとカトリックの教えにおける相違点を示すことは、なかなか難しい試みとなるわけです。

つまり、「カトリックに対してプロテスタントはこのように考える」と言っても、これは「すべてのプロテスタントが例外なしにこのように考える」ということではないわけです。この点については、どうかご了承ください。

2　カトリックとプロテスタントの「教会」の理解

ルターは、当時、教会にあったさまざまな乱用を訴えただけでなく、ローマ教皇の権能も否定しました。彼は、人間が救われるには神の恵みとキリストを信じることがどうしても必要だが、堕落したローマ教会のような組織は、人間に救いを与えるどころか、むしろ妨げるものであると教えたのです。

ルターの強調した「聖書のみ」（sola scriptura）、「恩恵のみ」（sola gratia）と「信仰のみ」（sola fides）という言葉は、目に見える教会は不必要であることを示しています。もちろん、プロテスタントも目に見える洗礼と堅信、また洗礼と聖餐のような儀式は認めますが、キリストによって目に見える教会の組織がつくられたは認めないということです。プロテスタント教会という組織もありますが、これは人間のつくったものであり、真の教会とは目に見えない信仰によって結ばれた信者たちのことであると主張します。

プロテスタントの教会の理解はこのようなものであるため、当然、キリスト教の教えや聖書解釈などについて疑問が生じたときは、その解決は各自の良心だけに任せられるわけです。つまり、信者を拘束するような教会の「権威」は認められないのです。この意味においては、個人と良心というものが非常に重視されることになるわけです。それと同時に、プロテスタントはキリストによってつくられた目に見える教会は認めませんが、人間によってつくられた目に見える教会は数多くあることを認めます。このような諸教会の組織は、人間の意志によってつくられたものですから、現代国家制度と同じく、信者の意志に基づくもの、すなわち、「民主主義的な」制度として捉えることもできます。これに対して、カトリックの立場から考えますと、教会は非常に違った性質をもつものとなります。信仰と聖霊の働き、すなわち目に見えないものは最も大事なことですが、しかし目に見える人間となった神（キリスト）の救いの業《わざ》をすべての人々に与え続けるために、キリスト自身はただ一つの目に見える「教会」をつくったというのが、カトリックの教えの基本です。その構成メンバーはすべて人間であり、歴史的に見ると、この目に見える教会に、人間によってつくられたものが多くつけ加えられたこともありますが、基本的な構成はあくまでキリストの直接意志に基づいており、人間はこれを変えることができないと理解されています。教会とは、キリストの定めた役職制度（教皇、司教、司祭）をもつ「信者の集まり」であると言ってもいいでしょう。

教会の存在理由は、キリストによって教会に任せられた任務と同様のものです。その「任務」とは、次のようなものです。

（イ）「教える任務」、すなわち、キリストの教えをすべての人々に宣教し、信者を信仰と道徳に関して教え導くこと。

（ロ）「聖化する任務」、すなわち、目に見える七つの秘跡によって見えない神のいのちと恵みを信者に分け与え、キリストと結ばれることを実現すること。

（ハ）「治める任務」、すなわち、信仰生活と教会活動と分野において指導を与え、その規定を定め、キリストの群れを牧すること。

よく考えてみると、この三つの任務のうち最も大切なのは（ロ）であり、（ハ）は（イ）

と（ロ）のためのものと言ってもよいでしょう。また、カトリックの見解では、キリストのつくった教会が神と人間との間に存在するものであるという解釈は正しくないことになります。図で表すと、教会は人間と神との間にあるものではありません。

もし、教会がそのようなものであるならば、人間は直接キリストと結ばれることができず、キリストと人間との間に神でないもの、つまり人間的なものが介在し、結びつきの妨げになるはずです。

実は、キリストのつくった教会はこのようなものではなく、むしろ教会の中で人間が直接キリストと結ばれるという制度なのです。これを図で表すと、次のようになります。

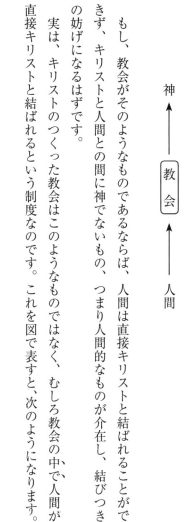

私はよくコピーの機器とか、タイプライターとか、ときには車を使うことがありますが、これらの機器が故障したとき、どうしても自分でそれを修理することができません。それは修理のための適当な道具がないばかりでなく、私がこのような機器の働きをさっぱり知らないからです。専門家でしたら、故障の原因がすぐに分かるでしょうし、同じメーカーの店だったら、もっとよく修理できるでしょう。むろん、その機器をつくった人でしたら、最も上手に直すことができるでしょう。

つまりここで言いたいことは、あるものを最もよく知っているのは、それをつくった人だということです。同じように、人間と人間のやり方を最もよく知っているのは、人間をつくった神であるはずなのです。このように考えますと、次のようなことも言えると思います。信仰というものは、人間の人生に意味を与えるものです。信じる人には、この世にどんな困難があっても、生きるかいがあります。どんな失敗があっても、希望があります。すべての人々から無視され、憎まれても、愛し愛されることができるのです。でも、この信仰、希望と愛の対象になるものは、目に見えるものではありません。他の人を目で見ることはできても、すべての人々がキリストによって兄弟であることを目に見ることはできません。

しかし、人間は目に見えるものも求めるものです。少なくとも、目に見えないものが与えてくれたという「証拠」がない限り、安心できないようです。神は自らつくった人間のことをよく知っているため、人間に、救いを得るための目に見える手段も与えたのです。教会という制度は、そのためにキリストが選んだ目に見える救いの手段なのです。

もちろん、「今の教会はキリストによって制定されたものである」とか、「キリストの救いは教会を通して得られる」とか、「教会には聖霊が働いている」とか、「洗礼の水を受けると、新しい生命に生まれ変わる」などは信仰上のことですが、この信仰の対象になるものには目に見える側面があるということです。

これはカトリック教会を正しく理解するために大事なことですので、もう少し説明してみましょう。ある友達が、経済的に困っている私に、一億円あげたいと思ったとしましょう。この高額なお金をあげる方法としては、三つの方法があります。

第一は、「一億円あげます」と言ってその場で現金を渡すという方法です。第二は、現金を渡す代わりに一億円の「小切手」をあげる方法です。この方法は、あげる人にとっても、もらう人にとっても、最も便利です。というのは、重い札束を運ぶ必要もないし、泥棒に対しても安心ですし、現金がいるときはいつでも銀行で代えてもらえるからです。

さらに第三として、次のような方法が考えられます。この友達は、私に現金も小切手もくれませんが、代わりに次のように言ってくれるとします。「この一億円は、私が預かっていますが、もうあなたのものですので、要るときには、どうぞいつでも取りに来てください。

さあ、もしあなたが突然、このように一億円のプレゼントを受けることになったとしたら、どの方法を選ぶでしょうか。その場で現金をもらうのは不安でしょう。また、三番目の方法で「もらう」のも、不安があるでしょう。というのは、この方法では一億円をもらったとしても、目に見える「証拠」がないからです。これに対して小切手をもらった人は、もちろんその現金を目で見ることはできませんが、一億円が自分のものになったことについては、目に見える「証拠」があるわけです。この場合も、この小切手が「本物」であることが条件となりますが、三番目の方法よりも安心できると誰でも考えるでしょう。

さて、カトリックの理解では、神が人間に目に見えない恵みを与える方法として、ちょうどこの二番目の、人間が最も安心できる方法を選んだと言えましょう。おかしな例え方かもしれませんが、キリスト自身が定めた教会は、「小切手制度」に似ています。小切手の価値は、その紙やインクの種類とか大きさとかではなく、その紙にサインした人の意志と資格そのものです。同じように、教会という制度の価値は、その構成員である人間の価値ではなく、キリストが人間を使ってつくった制度そのものにあるわけです。そして、目に見える方法を通して目に見えない神の恵みを与えるというのが、教会の存在理由でもあるのです。この意味においては、カトリックの理解する教会は、人間を聖化する「道具」であるとも言えます。より専門的な言葉で言うならば、教会は一つの「秘跡」、いわゆる救いの「普遍的秘跡」であるということです。

「秘跡」という難しい言葉については後に説明することにして、次にカトリック教会の主な特徴を挙げておきましょう。

まず第一に、カトリックでは、教会が「唯一」であるということです。これは、キリストがつくった教会は一つしかないということです。プロテスタントと違い、全世界に広がっているカトリック教会は、まったく同じ教会であるわけです。

プロテスタントに限らず、例えば仏教でも、昔からいろいろな「宗教」がありますが、カトリックは宗派というものはありません。言葉が違っても、民族の相違があっても、全世界のカトリック信者たちは同じことを信じ、同じミサにあずかり、同じローマ教皇の指導の下におかれているわけです。この点について、プロテスタントの場合と著しく異なります。

例えば、プロテスタントの出版社のキリスト新聞社から毎年発行される『キリスト教年鑑』を調べますと、日本だけでも一三五以上の異なるプロテスタント教会があるとのことです。このような数多くの宗教団体は、それぞれの特徴と歴史をもち、名称もバラエティに富んでいます。「教会」と名付けられたものもあれば、「教団」、「連盟」、「兄弟団」、「会」などと名付けられたものもあります。カトリック教会と同じように、その信者たちはそれぞれ自分の信仰が正しいものであると考えるはずですが、このことは「教会は唯一である」という信仰を必ず含んではいません。

念のために付け加えますと、カトリックの見解は、目に見えるこの唯一の教会に所属していない人々は救われないと言っているのではありません。神は不可能なことは要求しませんから、キリスト教徒ではない人でも、その良心に従って生活すれば救われるのが当然です。

第二に、カトリック教会はキリストによってつくられたもので、人々を聖化する任務を負っているところから、「聖」であるとも言えます。これに対して、プロテスタントの見解では、キリストのみが人を聖化するのであって、目に見えるものが人々を聖化することはできないということです。

第三に、古い日本語では、カトリック教は「公」であるとされていますが、これは「一般的」ないし「普遍的」＝カトリック（ギリシャ語の「カトリコス」）＝すべての人々のために、という意味です。この特徴は、実は第一の特徴、「唯一」と密接な関係をもっています。というのは、もし神がすべての人々に救いを与えたとすれば、そして、もしキリストが一つだけの教会をつくったのであれば、当然のことながらその教会はすべての人々のために存在するはずだからです。

戦後の日本では、「国際」という言葉がよく使われるようになり、その言葉の意味内容も高く評価されています。実は前にも説明したように、カトリック教会は「公」であるため、一つの国、一つの民族のためだけの教会ではなく、まさに一つの国際的な組織であるわけです。したがって、「日本のカトリック教会」と言っても、これはもっと性格に表現すれば、「日本におけるカトリック教会」ということになります。

カトリック教会の古い歴史を見れば分かるように、キリストの意志によって定められたものは不変のままで残されていますが、時間の経過とともに他の人間の意志によって付け加えられたものもあります。後者の方は、もちろん本質的なものではないため、変化したり廃止されたりすることがありますが、カトリック教会の現状を理解するためには、このような歴史的事実を考慮することが非常に役立ちます。例えば、現在、全世界の宗教団体の中で国際社会（国連）のメンバーになっているのは、カトリック教会（Holy See）だけです。念のために繰り返しますが、このようなことはカトリック教会の本質的なものではありませんが、歴史的に生まれた事実なのです。

最後に、カトリック教会のもう一つの特徴として、「使徒継承」ということが挙げられます。これは、教会がその教え、秘跡、役職において使徒たちのそれと同一であり、教会の牧者が使徒たちからの権能を正統に受け継いでいるということです。例えば、教皇を例にしますと、来日したヨハネ・パウロ二世は、最初の教皇、聖ペトロの二六三番目の後任者であることは歴然たる事実です。

3　「聖書のみ」（プロテスタント）と「聖書と聖伝」（カトリック）

プロテスタントでもカトリックでも、最も大切にされる本は「聖書」です。それは、この本の中に神の言葉がある、とキリスト信者が信じているからです。ここでは旧約聖書よりも、特に新約聖書を課題にします。というのは、旧約時代でも、確かにひとりの救い主が現れることは予言されましたが、その実現とキリスト教は、やはり新約時代のことだからです。

カトリックとプロテスタントは同じように新約聖書を大切にしていますが、プロテスタントが「聖書のみ」を認めるのに対して、カトリックは「聖書と聖伝」を認めます。ここでいう「聖伝」とは、いったい、どのようなものなのでしょうか、説明する必要があります。

新約聖書に記されているように、主イエス・キリストは復活後、四十日たってから御父のところに昇られました（いわゆる「ご昇天」のこと）。そしてその後、数十年間にキリスト教徒は徐々に増えました。ところがよく考えてみますと、この数十年間には、教会は確かに存在していましたが、新約聖書はまだ書かれていなかったのです。つまり、文章にされたものとしてはまだ存在していなかったということです。

しかし使徒たちは、キリストの教え、キリストの出来事などを口頭で伝えました。これが後に、「聖伝」、「伝承（traditio）」と名付けられたものです。もちろん、使徒たちも徐々に年をとりましたので、彼らとその弟子たちは、この言い伝えられた教えを文章にする必要を感じました。そしてキリストのご昇天後、一世紀の後半に今のような「新約聖書」が完成されたのです。

この意味においては、新約聖書というものは、聖伝と異質のものでなく、聖伝の一部が文章にされたものと理解してもよいでしょう。「一部」と言っても、この「一部」は当然、キリスト教の最も重要なことを含んでいますが、新約聖書に含まれていないものも残され、カトリック教会は昔からこれを大事にしてきました。

以上のように、新約聖書が聖伝から生まれたものであることは明らかになったと思います。そして教会は、聖伝に基づき、かつ聖霊の導きのもとに、どの本が聖書の聖典に属するかを教え、また聖書に書かれている言葉をどのように理解すべきかを教えるわけです。これに対してプロテスタントでは、カトリックのように聖伝と教会の教えという権限は認められないため、やはり「聖書のみ」という立場をとることになるわけです。

私は、長い間西ドイツに住んでいましたが、この国ではプロテスタントのことを「福音的教会」（Evangelische Kirche）とも呼びます。「福音的」という形容詞は、すでにルターの時代から用いられていましたが、この言葉遣いは、右に説明した「聖書（福音）のみ」のことを表しています。

カトリックの理解では、教会は「福音」に反さないどころか、「福音」からも教会がキリストによって設定されたという信仰の根拠づけがなされるとしています。（マタイ28・16－20、エフェソ1・22、23、コロサイ1・18など）。しかし聖書を読んで、どのようなことが神の意志であるかという問題が、ときどき起こってきます。これは法律の解釈と非常に似た問題です。

例えば「六法全書」を開けば、そこに書かれた法律（憲法とか民法など）を読むことはできますが、これだけではこのような法律がいかに理解されるのか、どのように適応されるのかは分かるはずがありません。もちろん、キリスト教はただの法律といったものではないし、教会も国家のまねから生まれた制度ではないため、単純に比べることはできませんが、法律の解釈はその国の伝統（習慣法）に従って行われます。また解釈の問題については、それがはっきりしないときには、権威のある機関（裁判所）によって決定されることもあります。つまり、法的な秩序を保つためには、「六法全書」だけでは足りないのです。

キリストのつくった教会にも、それと似た点があります。カトリックの見解では、聖書の解釈とキリスト教の正しい理解は、個人に任せられるものではなく、教会に任せられるものです。そして、これは聖伝に基づき、聖霊の導きのもとに行われるのです。ここにも、教会の一つの存在理由があると言えましょう。

4 プロテスタントはカトリックのすべての「秘跡」を認めない

カトリックの理解では、「秘跡」とは、人間または教会ではなく、主イエス・キリストが制定したものであり、神の恩恵を示し、神の働きによってそれを与える「しるし」です。

カトリックでは、秘跡は七つ、すなわち、洗礼、堅信、聖体、罪のゆるし、病者の塗油、叙階、婚姻があります。それ以上でも、それ以下でもありません。しかし、後にもっと詳しく説明するように、プロテスタントでは洗礼と堅信または洗礼と聖餐を除いて、他の秘跡は人間のつくったものと考え、秘跡として認めないのです。

もちろん、「秘跡」という言葉は、キリストのつくった言葉ではありません。周知のように、昔のヨーロッパの言葉はラテン語でしたから、「秘跡」のことは「サクラメント」(sacramentum)、すなわち「聖なるもの」と呼ばれていました。

初めて日本にやって来た宣教師たちは（一五四九年から徳川時代の初期まで）、皆カトリックで（ちょうどその頃、ヨーロッパでプロテスタントが生まれた時代でした）、信者になった日本人にラテン語で祈りを教えることもよくあったようです。その後、宣教師たちは追放され、あるいは殺されることになりましたが、依然として日本のキリシタンは、このラテン語の祈りを唱え続けました。

そして、十九世紀にカトリックの宣教師が再び日本に来たときに、いわゆる隠れキリシタンが多く発見されたのです。そして、この隠れキリシタンたちが分からないラテン語で祈り続けて来た結果、その祈りのラテン語文はだんだん変化してしまいました。

私は、一度このような日本語化された祈りを読んだことがありますが、その意味は非常に分かりにくいものでした。特に、その中で、突然「サカナベントウ」という不思議な言葉が出てくるのに驚きました。これは間違いなくラテン語の「サクラメント（秘跡）」

から生まれた言葉でしょう。

今、日本のカトリック教会で使われている「秘跡」という言葉は、誰がいつ頃つくったものなのか、残念なことに私には分かりませんが、なかなかよくつくられた言葉だと思います。語源学的に考えると、確かに「聖なるもの」とは少し違った表現ですが、神学的に考えると、この日本語としてつくられた新語には表現力があります。というのは、前に挙げた七つの秘跡の儀式を通して、目に見える方法、「跡」、すなわち象徴的な意味をもつ動作によって、目に見えない「秘」、神の特別な恵みが与えられるからです。教会も、目に見える制度であり、しかも神が教会を通して目に見えない救いを与えてくださるのだから、これも一つの「サクラメント」ないし「秘跡」であると言えます。しかし、プロテスタントは教会をこのようには理解しません。プロテスタントにとって、教会は秘跡のようなものではないのです。つまりプロテスタントは、目に見える洗礼と堅信の儀式は認めますが、サクラメントに秘跡という言葉をつかわないのです。

では次に、プロテスタントの立場からキリストの制定したものとは認められないあとの五つの秘跡について、ごく簡単に説明しましょう。

5　プロテスタントには「ミサ」はない

日本ではキリスト教はまだあまりよく知られていませんが、「クリスマス」という言葉を知らない人はいないでしょう。十二月二十五日が近づくと、街では「クリスマス・セール」があり、「クリスマス・ツリー」が飾られ、家庭ではクリスマスのごちそうをつくる習慣も増えてきました。「クリスマス」とは、英語の言葉ですが（Christmas, Xmas）、この言葉がどのようにつくられたのか、ご存じでしょうか。

実は、カタカナで書く「クリスマス」という英語の言葉は、「クライスト」の「マアス」（mass of Christ ＝ Christ-mass ＝ キリストのミサ）からつくられた言葉なのです。昔も、今と同じように、キリスト教徒が集まってミサをささげ、イエスの誕生日を祝ったわけです。プロテスタントでは「ミサ」という儀式（秘跡）を認めませんが、やはりプロテスタント教会でも「クリスマス」を祝うということは、当然します。

ミサの始まりは、聖書に書いてあるように、主イエスが最後の晩餐のとき、パンとぶどう酒を取ってそれを自分の体と血であると言いながら弟子たちに分け与え、この儀式を自分の記念として行うようにと命じたことからです。カトリック教会は、二千年来、どこの国でも、このイエスの命令を忠実に守り、この秘跡を何よりも大切に行ってきました。

洗礼は必要な秘跡ですが、「聖体」はもっと価値のある秘跡で、教会の心でもあると言ってよいでしょう。というのは、キリスト自身、ミサのときに、すべての人々のために自らをいけにえとしてささげ、人々はそれによってキリストの体を頂くことができるからです。つまり、この秘跡のおかげで、人々はキリストから何らかの恵みをいただくのではなく、キリスト自身を頂くのです。

そして、同じキリストを頂くこと（聖体拝領）によって、すべての信者は結ばれることになり、教会の一致は完成されることになるのです。日本語の「聖体拝領」は、英語では“communion”という言葉です。さらにこの英語は、ラテン語の“communio”すなわち「交わり」という意味をもっています。聖体拝領とは、キリストと交わることですから、やはりこのような言葉がつくられたのでしょう。

重大な罪を犯した人などは、当然、このような「交わり」（communio）を絶つことになるため、このような人のことを、昔から日本語では「破門された」と言ってきました。

この破門とは、やはり“ex-communicatio”（英語の exsommunication）すなわち「交わりから排除する」ということです。とにかく、このような言葉遣いからも、聖体がどれほど信者たちの結束を実現しているかが分かると思います。

もちろん、「ミサ」という言葉は、「秘跡」と同じくキリストのつくった言葉ではありません。例えば、聖パウロはこの儀式を「主の晩餐」（coena）と呼びました（一コリント11・20参照）が、その後はラテン語の「ミサ」（missa）という言葉で呼ばれるようになりました。また、ミサよりももっと一般的な意味を持つ「ご聖体」（キリストの体）のことは、昔からギリシャ語で「エウハリスチア」（「エウ・ハリス」＝よい恵み）と呼ばれています。

聖公会にもミサはありますが、普通のプロテスタントでは、主の最後の晩餐を記念する儀式はときどきあるにしても、それはいつもカトリックのミサないし聖体のようなものではありません。そのため、カトリックまたはプロテスタントの教会という建物に入ると、どことなく違うということがすぐに感じられます。

仏教と神道は非常に異なった宗教ですから、もちろん「お寺」と「神社」はまったく違った建物です。これに対して、プロテスタントとカトリックには多くの共通点があるため、教会の建て方も似ていますが、しかし中に入ってみると、やはり違うところがあるのです。

最も目立つのは、カトリックの教会では、「ご聖体」が祭壇のそばの小さな箱(「聖ひつ」)の中に安置されており、信者たちは一日中キリストを礼拝することができる点です。また、ミサのときはいつも聖書の朗読がありますから、祭壇のそばに聖書が置いてあるのもよくあることです。

ところがプロテスタントの教会では「聖ひつ」はありませんから、ご聖体を礼拝することもありません。プロテスタントでは、聖書(「聖書のみ」)と神の言葉を聞くことが最も大切なこととされていますから、教会には聖書も置いてあるし、説教壇も大切なところとされています。しかし、カトリック教会では、キリスト、聖母マリア、その他の聖人の像が見られるのに対して(このことについては、後で改めて説明します)、プロテスタントの教会では、このようなものは一切置いてありません。二本の棒でつくられた十字架はありますが、その十字架にキリストの像をつける習慣もありません。

このような目に見える相違点(この他にもありますが)それ自体は、本質的なものではありませんが、しかしこれらは、目に見えない本質的な相違点から歴史的に生まれてきたものです。

余計な話かもしれませんが、私は音楽の才能には恵まれていませんが、美しい音楽を聞くことは大好きです。そのため、日本に滞在しているアメリカ人向けのラジオ放送をときどき聞くのですが、この放送中に、カトリックの神父またはプロテスタントの牧師が短い話をすることがよくあります。ほんの三十秒ほどですが、話しているのが神父なのか牧師なのかすぐ分かります。それは決して話の内容からではなく、ただ声の調子だけで分かるのです。私には音声に対するセンスがありませんから、これ以上説明する自信はありませんが、これは私にとっては不思議な「事実」なのです。この事実を解明することは一つの興味ある研究課題でしょうが、確かに目に見えないものの相違は、音声にもあらわれてくるようです。

6　プロテスタントには「ゆるしの秘跡」はない

人間は、神に対して犯した罪を、自らゆるすことはもちろんできません。これは神だけができることです。私たちが他の人から何か悪いことをされたとき、それをゆるしてやるということは、なかなか難しいことです。しかし神の心は人間の心のように狭いものではないため、自らの行為が悪かったことを認め、後悔し、ゆるしを請う人には、神はいつもゆるしてあげるのです。もちろん、このゆるしをもらうには、すべてを神の望むとおりにしなければなりません。

カトリックの見解では、ヨハネによる福音書に書かれているように、神であるキリストは教会に、目に見えるような形で罪をゆるす権能を与えてくださったということになります。

「聖霊を受けなさい。だれの罪でも、あなたがたが赦せば、その罪は赦される。だれの罪でも、あなたがたが赦さなければ、赦されないまま残る」（ヨハネ20・22）。これはキリストの有名な言葉ですが、この言葉を、プロテスタントはカトリックと同じようには解釈しません。

カトリックでは、キリストが罪のゆるしを与えるために選んだ方法は、神の代理としての司祭に、犯した罪を告白するという方法だと理解されます。もちろん司祭も、ローマ教皇さえも、同じように他の司祭にゆるしの秘跡を受けることによって自ら犯した罪のゆるしを得るわけです。

神のゆるしそのものは、目に見えることではありませんが、ゆるしの秘跡によって、神が確かにその罪をゆるしてくださったという目に見える「証拠」が得られるのです。これは、経験のない人には想像もつかないでしょうが、大きな安心感を与えてくれるものです。この意味で、ゆるしの秘跡は喜びの秘跡であるとも言えましょう。

私は、洗礼を授けた人に、なるべく早く、そして度々ゆるしの秘跡を受けるように、いつも「やかましく」すすめています。というのは、ゆるしの秘跡を受ける人は、決して「悪い信者」にはならないからです。

先日、一年前に洗礼を授けたあるお嬢さんに、いつものとおり、「ときどきゆるしの秘跡を受けていますか」と尋ねました。

「今朝、したばかりです」。

「おめでとう！　これで安心しました」。

「でも、がっかりしましたわ」。

「どうしてなの」。

「だって、神父さまからずいぶん叱られると思っていたのに、そうでなかったからです」。

「そう、でもそれでいいじゃないですか」。

私はそれ以上、何も聞きませんでした。ゆるしの秘跡を受けて叱られるなんていうことはありません。ゆるしの秘跡を受けることは、神のゆるしをいただくこと、そして場合によってはアドバイスを受けることなのです。「悪い信者」というのは、当然、ゆるしの秘跡を受けません。それは「悪いこと」をやめたくないからです。逆にカトリックではない人が、ゆるしの秘跡を受けたいということもときどきあるようです。特にクリスマスまたはご復活祭の前には、ゆるしの秘跡を受ける信者が非常に多く、私も毎年四谷にある聖イグナチオ教会でゆるしの秘跡を授ける手伝いをします。ゆるしの秘跡は、洗礼を受けたカトリック信者に限られますが、ときどき、告解部屋に入ってきてひざまずいて、このように言う人がいます。

「神父さま、私は信者ではありませんが、ゆるしの秘跡を受けられるでしょうか」。

初めてこのように言われたときは迷いましたが、今ではこのような場合はあわてずに次のように答えます。

「ご相談ですか。どうぞご遠慮なく……」。

このような身上相談を聞いても、秘跡としての「罪のゆるし」は与えることはできませんが、神の祝福を心から与えます。このような場合、私は、人間ではなく、神が制定したこの秘跡がどれほど人間的なものであるかを強く感じるのです。ルターは、ゆるしの秘跡をキリストの制定した秘跡として認めませんでしたが、その彼さえ、カトリック教会から離れた後も近くの教会の主任司祭（Pfarrer）にゆるしの秘跡を受けたということが伝えられています。

7　結婚と離婚についての相違点

離婚については、カトリックが絶対にこれを認めないのに対して、プロテスタントは正当な理由さえあれば認めるということは、よく知られています。しかしこれだけではありません。

ルターは両親から強く結婚をすすめられましたが、親の意に反して聖アウグスチノ修道会に入会しました。修道者になることは、「秘跡」を受けることではなく、修道会という制度も、直接キリストによってつくられたものではありません。しかし教会の歴史を調べてみますと、その初期の頃から、結婚しないですべてを神にささげるという人々はたくさんいましたし、今でもそうです。

ルターは、自らが結婚する前に、結婚についての意見をわりに詳しく書いていますが、それによると彼は結婚生活をそれほどすばらしいものとは思わなかったようです。彼は、肉体的欲望それ自体は罪であり悪いことではあるが、結婚によってこの欲望は正当化され、罪にはならなくなると考えました。

ルターはまた、修道者のように神のために結婚をしないということを、良いことであると認めました。しかし一方、神にその永遠の約束をした修道者でも、常に肉体的欲望に悩まされるならば、その約束を守るよりも結婚すべきだと考え、数多くの修道者に自ら「結婚斡旋《あっせん》」もしたのです。

そして数年後、ルター自身も他の人にすすめたことを自らも実行しました。彼はもう四十歳を過ぎていましたが、選んだ相手は、元修道女、カタリナ・フォン・ボラ（当時二十五歳）という人でした。結婚式は数人の人たちだけで行われましたが、教会で式は挙げませんでした。そして後日、多くの友人などに結婚の通知を出し、荘厳な披露宴を開いたそうです。彼らは、ルターが修道士たちと共同生活をしていたもとは修道院であった広い建物の所有権を得て、そこに住み、六人の子どもに恵まれ、ルター自身、幸福な生活であったと証言しました。もちろん離婚は一度も考えたことはなかったようです。

ルターおよびプロテスタントの見解では、結婚というものは宗教的に見て、カトリックの考えるように特別の意味があることではなく、ただ社会的な意味をもつものにすぎないので、キリストの制定した「秘跡」ではないことになります。もちろん結婚するということは、人間にとって大切なことですから、お祈りをし、教会で牧師の立ち合いによって結婚式を挙げるという習慣はありますが、これは結婚の有効性の条件とは何ら関係ないことになります。同じようにプロテスタントでは、正当な理由があるときには離婚し、あるいは再婚することも妨げないということです。

これに対して、カトリック教会の結婚に対する立場は、離婚を認めないという点では厳しいものであることを否定できません。しかしこれは、結婚というものを最も大切にしているからなのです。カトリックの見解では、カトリック信者同士が結婚するということは、単に二人だけの問題、または社会的に意味をもつことだけでなく、一つの「秘跡」を受けることによって神のみ前に結ばれることを意味します。この秘跡のおかげで、夫婦として結ばれる二人には、順境にあっても逆境にあっても、お互いの愛と子どもの教育を実現できるように特別な恵みが与えられるのです。

教会の規定では、カトリックの司祭の立ち会いで結婚式を挙げることになっていますが、その秘跡を授けるのは司祭ではなく、実は新郎と新婦が互いに授け合うのです。一心同体となった夫婦としての愛は、「いけないことを結婚によって正当化する」のではなく、当然あるべきものであり、良いことなのです（結婚しないで夫婦のような関係をもつことだけはいけないことです）。

聖パウロは、夫と妻に対する愛と一致を、キリストと教会に対する愛と一致に例えてから、次のように述べています。「この神秘は偉大です。わたしは、キリストと教会について述べているのです」（エフェソ5・32）。

では、どうしてカトリック教会は離婚を認めないという厳しい態度をとったのでしょうか。これに答える前に、誤解を避けるためにも、一つ注意する必要があります。それは、離婚が例外なしに認められないのは、カトリック信者同士の場合であり、また教会で式を挙げ、夫婦としての生活を始めた場合に限られるということです。つまり、離婚が一切認められないのは、完全な「秘跡」になったときだけのことです。したがって洗礼を受けていない人の場合は、例えばその人が前に離婚したことがあっても、その離婚が絶対に認められないということはないのです。

ここですべての細かい点まで説明する余裕はありませんが、なぜカトリック教会は先に挙げた条件のもとでは、離婚を例外的にも認めないのでしょうか。その決定的理由は簡単なことです。キリストが、新約聖書に書いてあるようにそれをはっきりと命じたからです（マタイ5・31、32　19・3－12　マルコ10・2－12　ルカ16・18　一コリント7・8－11）。

つまり神が合わせたものは、人間も教会も離すことができないのです。このようにカトリック信者同士の離婚の禁止は、理性ではなく、「聖書のみ」、すなわちキリストの言葉によって根拠づけられるわけですが、カトリック教会は、常にこのキリストの言葉をそのとおり守ってきました。歴史的にもよく知られているように、イギリスの「聖公会」（Anglican Church）が十六世紀にローマのカトリック教会から離れることになったのは、当時の国王ヘンリー八世がローマ教皇から再婚を認めてほしかったからです。

この点については、確かにカトリック教会の態度は厳しいものですが、これはカトリック教会がキリストの教えたことを変えることができないからです。キリストの時代にも、離婚はゆるされていましたが、問題になったのはどの程度の理由から離婚が認められるかということでした。そして、この問題に対してキリストは、次のように自分の意見をはっきりと述べています。「あなたたちの心が頑固なので、モーセは妻を離縁することを許したのであって、初めからそうだったわけではない。言っておくが、不法な結婚でもないのに妻を離縁して、他の女を妻にする者は、姦通の罪を犯すことになる」(マタイ19・8、9)。

キリストのこの「厳しさ」については、私も弁解することはできませんが、ただ、この「厳しさ」のなかに、キリストとカトリック教会が秘跡としての結婚をどれほど大切にしているのかがうかがわれるのではないかと思います。

念のために言い添えますと、結婚には、慎重に準備してもうまくいかないケースや、相手に裏切られる場合もあるでしょう。一方がゆるしても、解決できない問題もあります。このようなとき、当然カトリックの人にも別居することはゆるされていますし、その方が望ましいかもしれません(その手段として、法律上の離婚もありうる)。

ただ、神の前での秘跡としての絆は残りますので、カトリックとしては再婚はできないのです。このようなケースは、私の知るかぎりでは割合と少ないですが、ないことはありません。これは確かに、本人にとっては悲劇です。しかし、無謀な離婚から発する

恐れ入りますが
切手を貼って
お出しください

郵便はがき

160-0011

東京都新宿区若葉一—十六—十二

サンパウロ

宣教推進部 行

お名前《ふりがな》		
ご職業	男・女	歳
ご住所 〒		
Tel.	FAX.	
E-mail		

愛読者カード

ご購読ありがとうございます。今後の企画物の参考にさせていただきます。ご記入のうえご投函ください。

■お買い求めいただいた書名。

（　　　　　　　　　　　　　　　　　　　　　　　　）

■本書をお読みになったご感想。

■お買い求めになった書店名（　　　　　　　　　　　）

■ご注文欄（送料別）　　☆サンパウロ図書目録（要・不要）

書　　　名	冊数	税抜金額

悲劇の方が、はるかに大きいのではないかとも言えると思います。

8　神父と牧師はどのように違うのか

「牧師さんですか」。

「いえ、私はカトリックの神父です」。

何度もこう答えたことがありますが、どうも日本では、プロテスタントの「牧師」とカトリックの「神父」とを、まだ混同する人が多いようです。

来日した当初は、「奥さまは日本人ですか」とよく質問されました。カトリックの神父ですから家庭をもっていませんと答えても、あまり答えになりません。というのは、こう言うと、相手は「どうして結婚しないのですか」と、必ずまた質問するからです。

この「どうして」に対して、どんなにうまく説明しようと試みても、相手はまるで私がラテン語かギリシャ語で話しているかのような顔をします。もちろんその際、「でも、日本の女性ならいいんじゃないですか」とか、「やっぱり神さまと結婚しているからですか」などと言われたこともあります。ここでも私はカトリック信者ではない読者の方に対して、この「どうして」を説明する自信はありません。カトリック信者のなかにも、このことをよく理解できない人もいます。

私の両親は、父も母も同じくらい熱心な信者でしたが、私が十四歳のとき、実は十一歳頃からの神父になりたいという決心を打ち明けますと、父は大賛成で母は大反対でした。私が長男で、二人の姉がいたのですが、母が反対した理由はその辺の事情からではなかったようです。つまり、私がまだ子どもだからとか、世間を知らないからといった理由でした。しかし父にとっては、これは反対する理由にはなりませんでした。そのとき知ったことですが、父も当時の私と同じ年齢で神学校に入ったのですが、肺病によってその夢を実現できず、間もなく退学せざるを得なかったのです。このような経験をもつ父は、「私は神父になれなかったが、息子がなれるなら、これ以上うれしいことはない」と私に言ってくれました。

四十年以上たった現在、父はもうこの世にはいませんが、遠いふるさとにいる母も、今、私がこのような生活を選んだことを非常に喜んでくれています。

さて、本題に戻りますと、プロテスタントの牧師が家庭をもつのに対して、カトリックの神父が独身であるということは、日本でも知られていますが、実は、このことは本質的な相違ではないのです。

本質的な相違点は、カトリックの見解では、司教または司祭とは信者の霊的な世話をするために特別な「秘跡」（叙階）を受けた者のことですが、プロテスタントの見解では、牧師は信者の霊的な世話はしますが、他の信者とは別の「秘跡」を受けた者とは理解しません。つまり、プロテスタントでは、キリストによって制定された「叙階」というものは存在しないということです。すべて等しい洗礼を受けた信者が、皆等しくキリストの司祭職にあずかっているというわけです。

カトリックの司祭が結婚しないというのは、キリストの命じたことではありませんが、相当昔からほとんどすべてのカトリック教会では習慣になってきたことです。そして、その後ほとんどすべてのカトリック教会においては、教会の規定によって、結婚しないことが叙階の一つの条件であるとされました。

例えば三〇〇年頃、スペインのエルウィラでの開かれた教会会議の決議において、さらにその後、ローマ教皇と公会議によって、司教の結婚は禁止されることになりました。しかし、この禁止は、ほとんどのカトリック教会のことで、今でも叙階される前に結婚することができるとする地域もあります（このような地域でも、教会の規定によって叙階後の結婚は禁じられています）。

そうであるから、カトリックの司祭が独身者であるということは、時間的に考えると完全に不変的なことではなく、また空間的に考えると完全に普遍的なことでもありません。でも、この古い伝統をもつ制度は、今後も変わらないでしょう。また、カトリック教会には数多くの「修道者」がいますが、これは「叙階」とは別のことですから、後（第三部の3）に改めて説明しましょう。

なお、参考までに、日本ではカトリック司祭に話しかけるときは「神父（さま）」という言葉を用いますが、プロテスタントの牧師の場合は「先生」と呼ぶことが習慣となっていることを付記しておきましょう。

9　病人のための秘跡も一つの相違点である

最後にもう一つ、プロテスタントが認めない、しかしカトリックが認める秘跡があります。それは「病者の塗油」と呼ばれるもので、ヤコブの手紙（5・14、15）に、次のように説明されています。

「あなたがたの中で病気の人は、教会の長老たちを招いて、主の名によってオリーブ油を塗り、祈ってもらいなさい。信仰に基づく祈りは、病人を救い、主はその人を起き上がらせてくださいます。その人が罪を犯したのであれば、主がゆるしてくださいます」。

人生を考えると、死を迎える時期が人間にとって最も大切な時期ですが、この秘跡を通して、「最後の戦い」におかれている人には神の特別の恵みが与えられるのです。たとえ本人に告白する力が残っていない場合も、罪のゆるしがいただけ、病気からくる失望、恐れ、信仰に対するためらい、疑いなどに打ち勝つ力が注がれます。また、場合によってはこの秘跡は病気の回復にも役立つのです。

私は西ドイツのフランクフルトで叙階されましたが、その三日後、ライン河のロールチ市の主任司祭の留守番をすることになりました。そして司祭になったばかりの私は、このときこの秘跡を数回授けることができました。

一回目は午後二時頃のこと、おばあさんが死にかかっているから早く来てくださいという電話を受けて、私は大急ぎで（本当のことを言うと非常にあわてて）秘跡を授けるのに必要なものを準備していました。そこへ数年前からこの司祭館の世話をしている人が来て、「こんなことはよくあるんだから、そんなに急がなくても大丈夫ですよ」と、私に言いましたが、私は消防士のように教会を飛び出し、五分後には〝現場〟へ到着しました。そして今でも急いでよかったと思っています。というのは、この秘跡を授けたと同時に、おばあさんは息をひきとったからです。

二回目は、真夜中の二時頃のことでした。また電話でしたが、ずいぶん遠い所でしたので車で迎えに来てくれました。今回死にかかっているのは、中年の男の人で、大変苦しそうに見えました。私は義務を果たすと教会に戻りましたが、ずっとその人のことが気にかかって、翌日もその町の学校で宗教の授業をしなければならないのに、その人のことばかり考えていました。もう天国にいるのかと思いながらも、午後に様子を伺いに行って私はびっくりしました。彼は元気な顔をしてベッドに座っているのです！「神父さま、夜中はすみませんでした。もうだいぶ良くなりました」と、彼は謝るように言いました。私は「よかったね」と言ったような気がしましたが、はっきり覚えていません。ただ、そのとき感じたことは、重病にかかったとき、本人にとっても世話をしている人々にとっても、神さまが目に見える形で助けてくださるというのはなんとありがたいことか、ということでした。

これで、カトリック教会の七つの秘跡の簡単な説明を終わらせていただきますが、この七つの秘跡は、ちょうど人間の最も重要な時期に必要な恵みと力を与えてくれるものであることが明らかになったでしょう。人間は、洗礼によって信者として生まれかわります。そして生き、成長するためにはどうしても「栄養」が必要ですが、天から下ってきた生きたパン（聖体）であるキリストをいただくことによって人間は養われ、キリストとすべての信者たちと一体になるのです。

人間は過ちを犯すことがよくありますが、これには「第二の救いの板」と呼ばれるゆるしの秘跡があります。信者として大人になるためには堅信があり、夫婦と親としての義務を果たすためには婚姻の秘跡があります。また、信者を導き、秘跡を授けるためには叙階の秘跡があります。生きることは神に向かって旅することですが、この世を去るためには病者の塗油があります。

このように、カトリックでは、この世が終わるまでにこの七つの秘跡をキリストからいただいたものとして大切にしますが、前に説明したように、プロテスタントは十六世紀以来、洗礼と堅信、または洗礼と聖餐以外の秘跡は認めず、カトリック教会をキリストが制定した組織とは認めないのです。

10　どうしてカトリックは聖母マリアを大切にするのか

日本に来る前、私がイエズス会に入会したばかりのときのことですが、日本で宣教師として活躍した、有名なプティジャン神父の書いた本を読んだことがありました。もう、三十五年ほど前のことですので、本のタイトルは忘れましたが、次のことだけは今でもよく覚えています。

プティジャン神父が来日したときは、日本にはいわゆる隠れキリシタン（隠れ切支丹）がまだたくさん残っていましたが、彼らが教会に戻ることはなかなか難しかったようです。長い歳月、「隠れ」の信仰生活を送ってきたこともその原因でしたが、もう一つ別の問題がありました。

すなわち、フランシスコ・ザビエルの時代に日本に来た宣教師は、皆カトリックでしたが、再び日本に宣教師が入ることをゆるされてからは、数多くのプロテスタント宣教師も活躍しました。そしてこれによってもとの教会に戻りたいと思っても、それほど簡単には戻れないということになったのです。

ある日、一人の婦人がプティジャン神父の教会に現れて三つの質問をしました。その内容は次のようなものでした。

「神父さま、あなたはローマのお方から日本へ派遣されたのですか」。

「はい、そうです。私はローマの教皇さまから日本へ派遣された者です」。

「お子さんがたを見せていただけないでしょうか」。

「それはできません。カトリックの司祭は家庭をもっていないからです」。

「すみませんが、もう一つだけお尋ねしたいことがございます。神父さまの教会には聖母マリアのご像がありますか」。

「ございます。どうぞ教会に入ってご覧になってください」。

プティジャン神父がこのように答えると、彼女は、次のように言ったそうです。

「神父さま、私も神父さまと同じ心をもっています」。

そして、この日から毎日、数多くの隠れキリシタンがプティジャン神父の教会に通うようになったのです。言うまでもなく、先ほどの三つの質問は、婦人がカトリックとプロテスタントを見分けるためにしたものですが、その一つはやはり聖母マリアについてでした。

どうしてプロテスタントは、聖母マリアをカトリックのように大切にしないのか、正直なところ私にもよく分かりません。たぶん、誤解があるからでしょう。もちろんカトリックも聖母マリアを、神またはキリストのように拝むことはしません。マリアも神によってつくられた人間であり、神でも女神でもありませんが、マリアはすべての人間のうちで最も神に近い者であり、そして神自身もマリアを大切にしました。だから、カトリック教会も昔からマリアを特別に大切にしたわけです。プロテスタントは、キリストがマリアから生まれたという事実は認めますが、それ以上のことは認めないようです。

これに対して聖母マリアについてのカトリックの昔からの教えは、概論的に言うと次のようなものです。

(1) 諸聖人の中で最も優れている方は、神の御母、処女聖マリアです。それは、聖マリアがキリストの真の母として神の恩恵に満たされ、すべての聖人と天使にまさる地位を与えられたからです。

(2) 右のことから、聖マリアは原罪を免れ（無原罪）、原罪の結果である死の腐敗も免れ、地上での生活を終えた後は、その霊魂も体も天国に上げられました（聖母マリアの「被昇天」）。

(3)　十字架にかけられた主イエス・キリストが、使徒ヨハネに向かって、「これはあなたの母です」と言ったとき、聖母マリアはキリストの意志と恵みによってすべての信者の霊的な母にされました。

以上は、聖書と聖伝にあるカトリック教会が大事にしてきた教えです。

カトリック信者は、プロテスタントと違って、よく聖母マリアに祈ることをしますが、それは神への取り次ぎとして最も力がある祈りだからです。日本でも、グノーのアヴェ・マリアというきれいな聖歌はよく知られていますが、実はこれは、マリアに対する祈りのうちで最も古いものです。この祈りの前半は、天使ガブリエルのお告げとエリサベトの聖母マリアへのあいさつの言葉（ルカ1・29、42参照）で、後半はそれに昔から加えられた教会の祈りです。

現在の日本のカトリック信者は、「主の祈り」と同じように、「アヴェ・マリアの祈り」として次のような短い祈りを唱えています。

「アヴェ、マリア、恵みに満ちた方、主はあなたとともにおられます。あなたは女のうちで祝福され、ご胎内の御子イエスも祝福されています。神の母聖マリア、わたしたち罪びとのために、今も、死を迎える時も、お祈りください。アーメン」。
（この最後の「アーメン」というのは、ヘブライ語の意味で、「このようになるように」との意味です）。

11　プロテスタントは「聖人」を認めない

カトリック教会では、聖母マリアは最も偉大で最も尊敬される「聖人」ですが、その他にも、たくさんの聖人がいます。これに対して、プロテスタントのあらゆる教会では、「聖人」という者は認められていません。

それでは、聖人とそうでない者とはどのように違うのでしょうか。人間は、生きている間は、まだ聖人になれるかどうか、あるいは救われるかどうか分かりません。ユダも、キリストによって十二人の弟子に選ばれたときは、善い人間であったのでしょう。少なくとも、聖人になる資格はあったでしょう。しかし、ユダは聖人にはなれませんでした。

この意味では、聖人になれるのは死んでからのことですが、私たちは、善い人が死んでから本当に天国に入ったかどうか確認することはできません。「善い人だったから、きっと天国にいるでしょう」ということだけです。もちろん天国に入るということは、当然、「仏」や「神」になることではありません。

初期の教会にも、模範的生活を送った信者、または殉教した信者を聖人として崇敬することがありました。その時代から今日まで、教会によって「聖人」と宣言された者の完全な「名簿」をつくることは、おそらく不可能でしょうが、最も古い聖人の名前は、聖書にも載せられています（聖母マリア、聖ヨセフ、洗礼者聖ヨハネ、聖ペトロ、聖パウロなど）。

とにかく聖人といえば、「私たちの模範になる天国にいる人」と、教会によって宣言された者のことです。

したがって、カトリック教会の暦では、主イエス・キリストのみ業を記念する「祭日」、「祝日」（クリスマス、ご受難、ご復活、聖霊降臨など）ばかりでなく、聖人を祝う数多くの「祭日」、「祝日」、「記念日」もあります（「諸聖人」の祭日さえもあります）。しかし、プロテスタントの場合は、このような聖人の祝日はありません。また、古代からの習慣として、カトリックの場合は、洗礼を受けるときに「洗礼名」を受けますが、プロテスタントでは、このような習慣もありません。当然プロテスタントは、教会に聖人のご像や絵などを置くこともしません。

カトリックでは、個人の家にでもキリストや聖人の像を飾ったり、あるいは胸にメダイをつけたりすることがよくあります。これは、ときどき、「偶像礼拝」として批判されることがありますが、もちろん物理的なものを崇敬の対象にすれば、このような批判がなされても当然でしょう。カトリック教会でときどき安置されている聖人の遺骨についても同じです。しかし、このようなものを大切にするということは礼拝するということではありません。

私は、もうこの世にいない父と、この世にいる母の写真を持っています。もうずいぶんと古ぼけたその写真自体が、私の父母ではないことはよく分かっていますが、やはり私の真の父母を思い出すために、死ぬまで大切にしたいと思います。キリストと聖人の像や絵についても、まったく同じことですので、これ以上、説明する必要はないでしょう。

しかし聖人となった人は、この世にいたとき、われわれとは別の種類の人間であったと考える必要はありません。聖人の中には、何も目立ったことはしなかった人もたくさんいます。例えば、一九二九年に没したスペインのイエズス会の修道士、フランシスコ・ガラテは、一九八五年に聖人として宣言されましたが、この聖人の「功績」と言えば、四十一年もの間、ビルバオ市にあるイエズス会経営デウスト大学の門番をしていたということでした。しかしこの聖人と付き合いのあった当時の大学生の一人によれば、「確かにブラザー・ガラテは、いつも親切であったと同時に、非常に賢い人でした」とのことです。しかしその当時、学生だったこの人は自分が今、「聖人」を見ているとはおそらく考えてもみなかったでしょう。

十七世紀のことですが、私が八年間通ったマヨルカ島のモンテシオネの学校で、やはり四十年近く門番をしていたブラザーも、有名な「聖アルフォンソ・ロドリゲス」になりました。四十歳になるまでの彼の「経歴」は、失敗の連続と言えましょう。セゴビアに生まれ、まじめな商人でしたが、完全に破産してしまいました。結婚して二人の子どもに恵まれましたが、愛していたかわいい娘、妻、そして小さな息子は、次々に亡くなってしまいました。そしてすべてを失ってからイエズス会に入会し、「聖人」となったのです。

最後にもう一つだけ付け加えておきます。キリスト教というものは、ただ、「キリストと私」ということだけではありません。したがって、私たちがたとえ聖人の名前をすべて知らなくても、いわゆる「諸聖徒の交わり」が重要とされるのです。「諸聖徒の交わり」とは、キリストの神秘体に属する者はすべて、神の生命と愛によって結ばれ、互いに助け合うということです。そしてこれは、この世で生活する信者の間のことだけでなく、天国に楽しむ聖人にも、煉獄に苦しむ霊魂にも及びます。

ここで使った「煉獄」(purgatory) という言葉の意味も、説明しておく必要があるでしょう。というのは、この言葉自体、聖書には出てきませんし、プロテスタントも「天国」と「地獄」は認めても、「煉獄」の存在は認めないからです。

カトリックの見解では、小さな罪の汚れがある者は、天国に入る前に当分の間、清められる必要があるとされ、この清めを行うところ、ここが「煉獄」なのです。したがって煉獄は決して楽しいところではありませんが、私たちが祈りをささげることによって、煉獄にいる霊魂は慰められ、かつ、より早く天国に入れるようになるのです。亡くなった人のために祈るということの意味は、実はここにあるのです。

もし、すべての人々が、死んでからただちに天国かあるいは救いのない地獄かに入るならば、当然、その人たちのために祈る必要はなく、無駄なことにもなるでしょう。しかし聖書では、死者のために祈ることは良いことであるとされているため（二マカバイ12・39－45参照）、たとえ聖書に「煉獄」という言葉がなくても、この事実があるという前提がおかれ、教会の「聖伝」にもこの教えは非常にはっきりと表されています。カルヴァンも、煉獄の存在は否定しながらも、一六〇〇年の間にそのような教えがあったことは認めたそうです。

12　カトリックには「教会の掟」がある

すでに旧約時代にも、守るべき掟として「神の十戒」（出エジプト20・1－17、申命5・1－22参照）がありましたが、これは今でも守るべきものです。キリストは、このような掟を廃するためではなく、完成するためにこの世に来たのです（マタイ5・17、18）。

神が旧約時代に、またキリストが新約時代に守るべきであると命じたことは非常にはっきりしています。例えば、十戒によると、その第三では「なんじ、安息日を聖とすべきことを覚ゆべし」と規定されています。しかしキリスト自身は、このような安息日がどのような日なのか、また具体的にどのように祝うべきかについては教えませんでした。キリストは、これを自らが制定した教会に任せたのです。

したがってカトリックの見解では、教会はキリスト信者の信仰生活を指導する司牧の任務を与えられたことになり、そのためにそれぞれの時代や国の事情を考慮して、教会では掟を定めてきました。

例えば、日曜日と特定の祝日にはミサ聖祭にあずかること、少なくとも年に一度は大罪を告白すること、定められた日に償いとしていわゆる大斎（一日のうち一回だけ十分の食事をし、そのほか朝ともう一回、わずかの食事をすること）、または小斎（鳥獣の肉をひかえること）を守ることなどがその例です。

このような「教会の掟」の具体的内容は、キリスト自身が定めたことではないため、やはり時代によって変わり得るものです。例えば、比較的最近のことを例にとれば、私の子ども時代は、ミサにあずかる時間は日曜日と他の祝日の午前中だけでしたが、今では午後もあずかれることになっていますし、日曜日と祝日の前夜でもあずかれることになっています。ご聖体拝領のときも、以前は午後の零時から何も食べず、何も飲まない（水さえも）ことになっていましたが、今では拝領の一時間前からということになっています（この間は水を飲んでもよいことになっています）。また、それぞれの国の伝統と事情から、国によって守るべき祝日も異なってきます。

一九八四年に国賓として来日した西ドイツのコール首相は、十一月一日（「諸聖人」の祭日は西ドイツでは守るべき祭日だが、日本ではそうではない）に、ぜひミサにあずかりたいということで、午前八時前に迎賓館の前に待たせておいた車に乗らずに、「私はいつも歩いて教会に行くのです」と、近くの聖イグナチオ教会に行かれました。これには警備陣もずいぶん緊張したようです。

次の年、ベルギーのボードワン国王が非公式に来日したときも、またおもしろいことが起きました。ボードワン国王はカトリック信者であるため、ベルギー大使館はずいぶん前から、国王が日曜日にミサにあずかれるようにとの手配をしていました。そして、日曜日の午後三時、上智大学構内にあるクルトゥルハイム聖堂において国王のためにミサを行う予定が立てられました。ところが国王は、「私は普通の信者といっしょにミサにあずかりたい」という希望を強く表したため、計画は変更され、結局、聖イグナチオ教会の午前九時半のミサにあずかることになったのです。

プロテスタントの場合は、前にも説明したように、「ミサ」はありません。日曜日の「礼拝」はありますが、これは出席を勧められても出席する義務はありません。というのは、プロテスタントには、カトリックのような「教会の掟」がないからです。この意味においては、プロテスタント信者にはカトリック信者よりも自由が与えられていると言ってもよいでしょう。次にこれについてもう少し詳しく説明しましょう。

13　プロテスタントはより自由であるが……

「自由」とは、一見すると拘束されないということのようです。しかし自由または「拘束されない」という意味は、いろいろな意味に用いられるため、その内容も非常に異なった形で捉えることができます。

例えば、法律的に考えるならば、宗教はまったく自由ですから、カトリックになるか、プロテスタントになるか、それともどちらにもならないか。また、カトリックをやめるか、プロテスタントをやめるか、などということはまったく自由であって、国家権力はもちろん、カトリックもプロテスタントもこの種の自由は、全面的に認めています。

実は、このような自由は、法律的に保証されることによって初めて生じてくるということではありません。「信仰を強制」すること自体、矛盾であり、かつ人間を無視することであるがゆえに、法律的にもこのような宗教の自由が保障されるようになっているのです。

しかし、プロテスタント信者、またはカトリック信者にとっては、つまり信者としては、例えば神が存在するかしないか、または主イエス・キリストが神で人間の救い主であるかどうかについて選択の自由はありません。

というのは、「キリストを信じないクリスチャン」というのも、また（前とは別のレベルで）矛盾だからです。心からキリストを信じる者は、キリストを良心的に信じるべきであることを感じ、キリストを信じる義務を強く自覚しています。ですから、その人にとってはキリストを信じることは義務であり、決して自由ではないのです。

以上のことは、キリスト教に限らず、どんな宗教についても当てはまることです。ただ、カトリックとプロテスタントを比べると、後者の場合は、キリストによって制定された目に見える教会は認められず、教えや礼拝、道徳の問題についても拘束されるような公式の指導が存在しないために、自由がより多くあると言えましょう。もちろん、カトリック教会でも、個人の自由な判断に任せられていることも少なくありません。

例えば死刑制度を廃止すべきか否かについては、カトリック教会の公式な教えはありません。私自身はこの問題について現在、日本のような国では人間の生命を奪うこのようなやり方はもはや正当化されるものではないと考えていますが、熱心な信者の中にも、同僚のイエズス会神父の中にも、このように考えない人がたくさんいます。

また、核兵器の使用だけでなく、すべての戦争は無条件に悪であると考えるかどうかも、個人の判断に任せられています。

同じように聖書の解釈や神学上の難しい問題について、カトリック神学者の間で意見が対立することがありますが、これについても議論することは当然、自由です。しかしプロテスタントの場合、このような自由が、前に説明した理由から、もっと幅の広いものであることは事実です。

その反面、これを裏返しに言ってみれば、カトリックの教えは、プロテスタントよりも、歴史的にも地域的にもはるかに統一されているということになりましょう。このような統一性は、信じるべきこと(「信仰箇条」または「教義」)についてはもちろんのこと、道徳の問題、または秘跡の数やその授け方についても見られるわけです。これは何といってもキリストが約束した聖霊の働きの結果ですが、キリストが定めた教皇「制度」も、この統一性の直接の原因となっているのでしょう。

プロテスタントの場合、キリストによって制定された目に見える「一つ」の教会というものの存在を認めないため、大部分のことは個人の良心に任されており、その結果、このような統一性は見られません。例えば、離婚、婚前交渉、自殺、堕胎、直接安楽死などは、カトリックの教えに反するものであると断言できますが、プロテスタントの場合は、いろいろな意見があり、断言することはできないのです。

つまり、これらの問題についてプロテスタントの人々は個人的な意見をもつことができ、拘束されることはないわけです。このことを外から見ると、やはり、カトリックの方がプロテスタントよりもっと「厳しい」と言われるでしょう。このカトリックの「厳しさ」については、後（第三部の7）で改めて課題にしましょう。

14　プロテスタントの目から見たカトリック教会

今まで、カトリックとプロテスタントとの主な相違点を説明してきましたが、著者がカトリックであるため、プロテスタントの立場から、あるいは第三者の立場から見ると、どうしても説明が「かたよっている」と言われるかもしれません。これはそのとおりで、私はこの批判に対しては何も言えません。確かに、カトリックの目から見たカトリック教会とプロテスタントの目から見たカトリック教会では、相違があるようです。

宗教の問題は法律の問題ではありませんが、ヨーロッパでは昔から、法廷で争いが起きたときは、「相手側の言い分も聞くべきである」（audiatur et altera pars）という名句があります。したがって、ここでもそのようにすることにしましょう。そこで、この第二部の終わりとして、プロテスタントの目から見たカトリック教会を、コメントを一切つけずに紹介することにします。

尾山令仁著『一問一答』の中の8で次のように書かれています。

問　同じキリスト教の中に、カトリックとプロテスタントとがありますが、どういうことなのですか。

答　キリスト教はもともと一つだったのです。ところが、キリスト教会の中に形式化が目立つようになり、中心的なことよりも外面的なものが重視されるようになり、堕落が始まりました。そして聖書の教えから逸脱した教えが侵入してくると、キリスト教の中心である救いの教えさえ、聖書とはまったく違った人間の教えに変わってしまったのです。このようにキリスト教会の主流がカトリック（公同的）と称しながらも、もとの聖書から逸脱していくと、もとの聖書に帰れという運動が当然起こってきました。こうした運動の最大のものが、十六世紀に起こった宗教改革運動です。ですからプロテスタントは、当然、聖書から離れたカトリック教会の教えを否定し、聖書に忠実であろうとします。

例えば、ローマ・カトリック教会では、ローマ教皇（法王）を立てますが、プロテスタント教会では、聖書的な根拠がないとしてそれを認めません。また、ローマ・カトリック教会では聖書の他に聖伝と称する伝承を権威あるものと主張しますが、これは、聖書に根拠のない特異な教えを裏づけるためにもってきたもので、本来のキリスト教から逸脱したものですから、プロテスタント教会ではそれを認めません。それればかりではありません。ローマ・カトリック教会では、聖書にさえ、外典というものを付け加えて、彼らの独特の教え（例えば煉獄など）を裏づけようとしています。しかし、そのような外典をも含めた聖書は、中世において彼らがかってにつくり出したもので、何ら根拠のないものです。

このように、ローマ・カトリック教会は、聖書から逸脱している多くの点がありますす。そのために、プロテスタント教会の存立する意義があるわけです。

さて、聖書から逸脱したローマ・カトリック教会の教えは、一五四五年のトリエント公会議と、一八七〇年の第一バチカン公会議によって決定されたものです。前者においては、教会の権威を規定し、教会は聖書と教義の誤らない解釈者であると決議しました。後者においては、ローマ教皇の無謬を可決しました。そのため、ローマ・カトリック教会は、彼らや教会の権威を第一のものとして主張します。ここに決定的な分かれ目があるのです。

ところが、ごく近年に開かれた第二バチカン公会議においては、ローマ・カトリック教会は以前の態度をかなり変えて、プロテスタントと話し合うという姿勢を示しました。それは、プロテスタントの中に比較的多数によって構成されている世界教会協議会の、世界教会という姿勢と呼びかけに答えたもの、と言っていいでしょう。しかし、両者が接近していくためには、どちらにも大きな譲歩が必要です。しかし教義の妥協ということ以上に無意味なことはありません。根本的な聖書の教えに帰ることによって接近するという姿勢がなければ、ほんとうの一致ということは不可能です。

第三部　宗教社会学の立場から見た相違点

1　「社会学」は宗教に関係があるのか

これまでは、宗教的または神学的立場からさまざまな説明をしてきましたが、第三部では、カトリックとプロテスタントの相違を、「社会学」という点から課題にしたいと思います。突然、考察の観点を変えることは、けしからんと感じる読者もいるかもしれません。また、難しいこと（カトリックとプロテスタントの相違点）を、もっと難しいこと（社会学）を通して説明するのはどんなものかと疑問に思われる方もいるでしょう。

この二番目の点、つまり「社会学」や「宗教社会学」が難しい点については、ここでは何も難しいことは言いませんから、どうかご安心くださいと申しあげておきます。しかしこのテーマに入る前に、やはり一番目の点、すなわち社会学の立場から見られるカトリックとプロテスタントの相違点についても、少しだけ説明する必要があるでしょう。

一見すると、「宗教学」ないし「神学」と「社会学」とはまったく関係ないもののようです。社会学は経験科学ですが、神学はそうではなく、いわゆる思弁科学です。神学という学問は、最高の思弁科学であると言ってもよいでしょう。社会学は、目に見える社会的現象を対象にしますが、神学、宗教学は目に見えない神や人間の信仰を対象にする学問です。一見すると、確かにそうなのですが、実は、そう簡単なことではないのです。

まず第一に、宗教または神学の観点から考えてみましょう。確かに、神も信仰そのもの自体も、目に見えるものではありません。しかし信仰というものは、持ち主のないものではなく、生きて目に見え、そしてこの信仰に従って行動する人間なのです。

カトリックの人は、この目に見える教会をつくったのはキリストだと信じています。ですから、目に見えるものも、信仰や神学の対象になるわけです。プロテスタントも、洗礼などを信じており、この洗礼もまた目に見えるものですし、他にも（後で説明するように）「プロテスタントらしい」やり方があるのです。

次に、社会学の観点から考えてみましょう。おもしろいことに、この分野を発展させた有名な学者の中には、無神論的立場をとる者が少なくありません。ここではその名前を挙げることは遠慮しますが、このような学者にとっては、神とか信仰とかいうものはナンセンスで、学問の対象にはならないというわけです。しかしそういった学者たちも、社会学の一種である「宗教社会学」の研究には非常に熱心だったのも事実です。これは、おかしなことではないでしょうか。

実は、このような学者たちは、「社会的な現象」ないし「社会的な事実」の因果関係だけを研究することを狙っていたのです。しかし彼らは、それらの社会の人々の宗教心を無視すれば、その社会に見られる特定の「現象」ないし「事実」は到底説明され得ないことに気づきました。そこで宗教心とそれぞれの宗教の内容までも課題にするようになったのです。

例えば、Aという宗教心をもっている社会では、A′という社会的な現象が生じ、Bという宗教心が支配的な社会では、B′という異なった現象が生じるということがよくあります。このA′とB′という異なる社会現象の原因、相違点などを説明しようとすれば、当然、AとBという異なる宗教心とそこに含まれている神学的な思想も、研究の対象としなければなりません。もちろん、このことは、その宗教心または神学上の思想を信じることと同じではありませんが、人間が見えないものによっても動かされているということは、一つの事実なのです。

これからこの第三部では、宗教社会学の立場から見たプロテスタントとカトリックの若干の相違点を課題にしますが、先に宗教と科学の対立についてひと言述べる必要があります。

2　宗教と科学の対立

ヨーロッパでは、「科学と宗教の対立」という思想は、今世紀前半まで支配的でしたが、日本では現代でもこの思想が強く残っているようです。実は、このような思想は、カトリックからではなく、むしろプロテスタントから生まれたようです。一つの具体的な例を挙げてみましょう。

私が西ドイツに留学したとき、次のような話を聞きました。百年ほど前のこと、ドイツのある大学で講義を受けていたある学生が、教授に向かって、「先生、神は存在すると言えるのでしょうか」と質問したところ、教授は、「ノー」と答えました。そこで学生はさらに、「でも先生は、毎日曜日にプロテスタント教会に行っていらっしゃるではないですか」と聞きますと、教授は次のように答えました。「もちろん、私は信者ですから、信者として教会に行きます。でも、ここは大学ですから、私は学者として君に答えたわけです」。

今では、このように考えるプロテスタントの学者はほとんどいないでしょうが、カトリックの見解では、真の学問と真の信仰とは、区別されても決して対立しないということについて依然として疑問はありませんでした。

もっと新しい例を挙げれば、プロテスタントで、刑法学者および法哲学者として日本でもよく知られているグスタフ・ラートブルフ（一八七八―一九四九）は、『法哲学』という本の中で次のように述べています。「われわれは自己の確信に反して説教する牧師を軽蔑するが、法規に忠実なために自己のこれに反対する感情によって迷わされない裁判官を尊敬する」。

読者の方が、この考え方に賛成かどうかは分かりませんが、私は（カトリックであるせいか）このような裁判官は尊敬しかねます。前にも指摘したように、プロテスタントでは、カトリックよりも個人としての良心が重視されていますが、そのことからラートブルフが言うように、裁判官が自らの良心を無視するということは、なかなか理解しづらいことでしょう。しかしこれについては次のような説明もできると思います。

法律（悪法）または不当な国家権力に対して「抵抗する」ということは、最終的には良心の問題です。良心の問題と言う場合、この良心とはいつも（プロテスタントでもカトリックでも）個人としての良心なのです。でもこのような個人としての良心は、その人がプロテスタントかカトリックかによってやや異なる内容をもつことがあり、それによって異なる態度をとることがあります。良心的に抵抗する人は、どうしても抵抗すべきだと信じているからです。言いかえれば、心の中で義務を感じているからです。

プロテスタントの場合は、義務づけるような教会の教えもないし、目に見える教会のメンバーとして義務づけられるような連帯感もありませんから、やはり抵抗するということは、より個人の問題となってしまいます。しかし人間は一人で残されたときは弱いものです。神を考えても重要な問題について自分のとった態度が正しいという心理的なサポートなしでは、やはり迷うことがあり得るのです。

もちろん、プロテスタントの信者には何ら連帯責任がないとか、国家権力に対して抵抗したことがないということではありません。例えば、いわゆる教団の「戦争責任」や「靖国神社参拝反対」の強い運動を見ると、確かにプロテスタントにも連帯責任や抵抗の意識がありますし、「プロテスタント」(抗議すること)という名前もこれをよく証明しています。ただ、その責任感の前提となるものが異なるということは、前に説明したとおりです。

カトリックの場合は、不正に対して抵抗するのは、不正が自らの個人的な良心に背くものであるというだけでなく、教会の教えにも背くものだからという意識をもっているからです。したがって、この強い義務意識から、迷うことなく、その人の良心よりも強いものに支えられて、不正に対して抵抗するのです。

比べてみると、プロテスタントよりカトリックの方が国家権力に対してより抵抗したと言えるし、プロテスタントの立場から「抵抗権」を理論的に根拠づけるのは困難であるのも事実です。そしてこのことは、プロテスタントの学者の間で支配的であった「宗教と科学の対立」思想に無関係ではないと思われます。

よく考えてみると、宗教と科学の対立が主張された時代では、プロテスタントの神学者の中には、「信仰のイエス」と「歴史的に存在したイエス」を区別して、私たちが信仰によって信じるイエスは、歴史的に存在したとは言えないという考え方さえありました。これは明らかに「宗教と科学の対立」思想の一つの表れであると言えましょう。

しかし現在では、ほとんどすべてのプロテスタントの神学者が、キリストは歴史的にも存在したという事実を積極的に認めていますし、前にも述べたように、プロテスタントでも宗教と科学は矛盾するものでないということを当然としています。

3　資本主義とプロテスタントの精神

資本主義思想と、それに基づく社会制度は、カトリックの精神からではなく、プロテスタントの精神から生まれたという考え方は、学者の間ではいまだに通説のようです。この命題を打ち出したのは、宗教社会学の創始者とも言われているウェーバー（Max Weber 一八六四―一九二〇）ですが、これについて次の説明もあります。

旧約聖書の「創世記」に書かれているように、神は、最初の罪（原罪）を犯したアダムとエバに勤勉に働くことを命じました。ですから、怠けることは神の命令に背くことであり、逆によく働く人は神の意志に従う人であり、このように苦労する人は報われるとされるのです。つまり働いた結果、得たお金などは、神の祝福であると考えられるわけです。そしてこのような考え方は、資本主義の成立に大きな影響を与えたと言われています。

それではなぜ、カトリックの精神はプロテスタントと違って資本主義の成立に同じように影響を及ぼさなかったのでしょうか。その見解によれば、カトリックの場合、社会的にも重要な意味をもち、かつその相違点の原因となるものがあるということです。

すなわち、カトリック教会の歴史を見ると、古代から現代に至るまで存在し続けてきた「修道会」という制度があることに気づきます。修道会という制度は、その設立の具体的な目的によってさまざまな種類がありますが、共通点として、清貧（ものを所有しないこと）、貞潔（生涯、独身生活を送ることを含めて）、そして従順（目上に従うこと）という三つの誓願を立てて、共同生活を送っていることが挙げられます。

もちろん、これを単なる社会現象として考察するなら、その真の性格を把握することはできませんが、実現されている一つの思想として考えてみると、これは一つの社会的な制度です。

そして修道者が私有財産を持たないということを考えると、この制度は資本主義というよりむしろ共産主義に近いものであると言えるでしょう。このように、修道会制度を生み出したカトリックの思想では、物を持つこと、つまり資本よりも、清貧が高く評価されるため、カトリックの精神から資本主義は生まれてこないとされるのです。

以上は、一つの見解の紹介ですが、私は、その正当性については非常に疑問を感じています。もちろんこの通説的見解でも、資本主義がプロテスタントの精神からのみ生じたとは言っていませんが（他の成立要因も認めている）、やはりいわゆる「プロテスタント精神」が一つの成立要素として強調されています。しかし私は、ウェーバーの時代は欧米の資本主義的国家は圧倒的にプロテスタントが多く、逆に貧しい国ではカトリックが多かったという事実だけから、ウェーバーは前述のような因果関係を認めたのではないかという気がします。

現在、アメリカや西ドイツといった豊かな国では、カトリックが非常に増えてきています。しかしアメリカや西ドイツは依然として資本主義社会です。日本の社会を考えれば、日本における資本主義がプロテスタントの精神から生まれたとはとても思えません。以上は、通説に対する私の疑問ですが、その他の点では賛成です。

確かに、プロテスタントには修道会という制度はありません。この制度は、当然すべての信者のためのものではないし、また、直接キリストによって制定されたものでもありません。しかしカトリックの見解では、これは福音の精神から生まれたものとして、高く評価されています。

「金持ちが神の国に入るよりも、らくだが針の穴を通る方がまだ易しい」（マタイ19・23、24）という有名な言葉はキリストのものです。キリストは、すべての掟を守っていたある若者に、愛情をこめて次のように言いました。「『あなたに欠けているものが一つある。行って持っている物を売り払い、貧しい人々に施しなさい。そうすれば、天に富を積むことになる。それから、わたしに従いなさい』。その人はこの言葉に気を落とし、悲しみながら立ち去った。たくさんの財産を持っていたからである」（マルコ10・21、22）。

カトリック教会は、人間がより完全な生活に進むための特別の道として、キリストは清貧・貞潔・従順の実践をすすめた（マタイ19・12、一コリント7・32－38、マタイ19・21参照）と理解していますが、プロテスタントはルターの時代から、このようには解釈しなかったようです。

「聖書のみ」を唱えたルター自身、もとは聖アウグスチノ修道会の修道士でしたが、その生活をやめて、一五二五年六月十三日にやはり修道女であったカタリナ・フォン・ボラという女性と結婚しました。

結婚してから彼は、以前、自分が何十人もの修道士たちと共同生活を営んでいた四階建ての修道院で暮らしました。初めは、その建物の使用権を得ていただけでしたが、後にはその所有権も獲得したそうです。

そして彼の「従順」についての考え方は、特にローマ教会への服従を拒むことによって、十分に明らかにされました。カトリック教会は、目に見える教会ですから、神の代表である他の人間に服従することがありますが、ルターは他の人間、とりわけローマ教皇に服従することを断固として拒否したのです。

「教皇よ、私が生きている間は、私はおまえのペストだったが、死んでいくときは、私はおまえの死となるだろう」(Pestis eram vivus, moriens ero mors tua, Papa) という文句がルターのものとして残されています。これをルターが死ぬ前の日に書いたのか、それともっと前に自分の墓に刻むために書いたのか、私が調べたかぎりでははっきりしませんが (現在、その墓にはこの文句は刻まれていない)、いずれにしろ彼の言葉であることは間違いありません。

念のために付け加えますと、プロテスタントは、カトリックに対して「プロテスト」(抗議) するということから生まれたものですので、当然両者は長い間にわたって、敵対関係を続けてきました。しかし今は、もうルターの時代ではありません。すでに何世紀もたった現代では、プロテスタントからもカトリックからも歩み寄る努力がなされており、それは非常にありがたいことです (これについては、後に第四部であらためて述べてみましょう)。

しかしルターはもちろんのこと、その後のプロテスタントも、修道生活とその核心である三つの誓願を、依然としてカトリックのように評価していないのが事実です。このような思想上の理由から、プロテスタントでは修道会という社会的な制度がないというのは、当然のことかもしれません。しかしこのことと、資本主義的社会制度がプロテスタントの精神から生まれたという結論を出すこととは別の話です。

あるプロテスタントの本では、「キリスト教は資本主義と共産主義のどちらに味方しますか」という「問い」に対して、次のように述べられています。

「キリスト教は、資本主義の味方でもなければ、共産主義の味方でもありません。これらは、社会の進展においてとられてきた一つの政治的、経済的、社会的形態なのです。キリスト教を信奉するキリスト者は、現状の資本主義や共産主義に満足せず、社会正義の実現に努力していくべきです」(尾山令仁著『一問一答』)。

この点については、カトリックの立場でもまったく同じであると言えましょう。

4　教会の「民主化」は可能か

プロテスタントおよびカトリックの見解では、「神の国」と「この世の国」（国家）は違うものであり、完全に区別されるべきものとなります。教会と国家制度についても、同じことが言えます。

しかしすでに説明したように、プロテスタントは「教会」というものをカトリックのようには理解していないため、教会と国家の違いを比べる場合も、やはりプロテスタントとカトリックでは、その見解に相違点が見られるようです。

例えばプロテスタント教会は民主化され得るものであり、また事実、プロテスタントの諸教会を見ると、カトリック教会には見られないような民主主義的な「組織」があることに気がつきます。これはなぜでしょうか。

このような目立つ相違点には、やはり異なった神学的考えがあるのです。プロテスタントの見解では、キリストによってつくられた目に見える「教会」という組織は存在しません。プロテスタントの教会は、信仰によって結ばれた信者の集まりであり、目に見えるさまざまな教会とその組織は人間によってつくられたものであるため、そのメンバーが望むなら、その制度も当然、民主化され得るわけです。

これに対して、カトリックの場合は、「教会」とその基本的な組織は人間によってつくられたものではないと理解されています。例えば、教皇制制度は人間によってではなく、キリスト自身によって制定されたものであるとされています。そうであるからこそ（これはすでにスアレス［Francisco Suárez S.J. 一五四七―一六一七］という有名な教会法学者が言ったことですが）、カトリック教会のすべての信者が望んだとしても、また教皇自らが望んだとしても、「教皇制」を「民主制」に変えることはできないのです。

以上は社会学の問題ではなく、カトリックにとっては「教義」の重要問題ですが、カトリック教会は、この教義を変えることもできません。

5　教会の独自の法と教会に関する法

これは難しいテーマですので、ここではあまり詳しく説明することはできませんが、プロテスタントは「教会」という制度をカトリックとは非常に違った形で理解するため、当然、プロテスタントの「教会法」もカトリックのそれと違った形で理解されます。それればかりか、例えばルター派の教会法学者ゾーム（Rudolf Sohm 一八四一―一九一七）が主張したように、「教会法は教会の本質と矛盾する」という考え方さえあります。もちろん、これについては現在のプロテスタントの学者の中には（例えばハンス・ドンブワもその一人ですが）違った意見をもつ人もいます。

しかしカトリックの場合は、教会には独自の「法」すなわち「教会法」があることについても昔も今も異論がなく、事実ヨーロッパの歴史を見れば、このような教会法が普通の法律（国家法）にも大きな影響を与えてきたことが分かります。このような「教会法」は、教会独自の法であるからこそ、普通の「国家法」から生まれたものではなく、その効力も国際法の承認とは無関係なものです。

ただ（これもまた単なる歴史的な事実ですが）国際法の観点から見れば、カトリック教会は他のすべての宗教団体とは違って、国際社会のメンバーになっています。例えば、教皇がときどき国連の総会で演説すること、日本にバチカン大使が存在していること、全世界のほとんどの国が「聖座」（Holy See ＝ローマ教皇によって代表されるカトリック教会）と外交関係をもっていることなどは、この歴史的な事実に基づくことです。日本の国内法という観点から見ると、日本におけるカトリック教会は、他の宗教団体とまったく同じように、「宗教法人」として認められています。しかしこのことはカトリック教会にとっては本質的なものではなく、まさに人間（国家法）によってつくられたものにすぎません。

つまり日本におけるカトリック教会は、本質的には全世界に広がり、かつ教皇の下で「一つ」であるカトリック教会の一部なのですが（したがって「独立する」ことはあり得ません）、国内法の関係では、各カトリック宗教法人として、法律的に見ると完全に独立したものであるわけです（したがって「カトリック宗教法人」はたくさんあります）。

これぐらいの説明でも、教会独自の法（教会法）と教会に関する法がどれほど異なるものであるかが明らかになったと思いますが、日本の場合、数々の宗教団体が「宗教法人」として認められていても、すべての宗教法人が同じ形をとっていないということは、また興味深い事実です。

神道、仏教、キリスト教は、非常に異なる宗教ですから、それぞれ異なる構成の宗教法人を形成しますが、カトリックもプロテスタントも、またまったく違った宗教法人となっているのです。ひと言で言うと、プロテスタントの場合は「社団法人」のようなものであり、カトリックの場合は、「財団法人」のようなものということになりましょう。

したがって、カトリックの場合は、その最終的な決定機関は（三人以上の理事による）「理事会」ですが、プロテスタントの場合は「総会」によってすべての重要な事項が決定されることになります。繰り返し言いますが、このこと自体は本質的な問題ではありませんが、このような差異が生じるのは、偶然ではないでしょう。

つまり社会法人の場合は皆で（総会で）すべてが決定されるため、このような宗教法人は民主化されたプロテスタントの諸教会に適しているのに対して、理事会だけで決定するという構成は、カトリック教会により適していると言えましょう。

日本では、戦後に制定された今の憲法で初めて「個人主義」が宣言されることになりましたが、それ以前は、いわゆる「個人の尊重」ということはあまり実現されていませんでした。

キリスト教では、人間が救われるかどうかは最終的には個人の良心の問題であり、個人を尊重するということは、重要であると同時に当然なことでもあります。しかしプロテスタントの見解では、良心に拘束されるのは、教会とその構成員に対してではなく、ただ神に対してだけ拘束されるということですので、このような「個人の尊重」は、カトリックに比べてより「個人主義」になりがちです。

言いかえると、自由が与えられない個人主義の実現は不可能ですが、自由が与えられるほど、個人主義は強まるわけです。すでに説明したように、プロテスタントの場合は、「教会の掟」がなく、教会の面でも相当の自由があるため、当然、個人の良心的な態度が決定的なものとなり、これはプロテスタント同士からも無条件に尊重されます。

人間の平等についても、新しい日本国憲法は宣言していますが、これもキリスト教では宗教的に常に認められてきたところです。キリスト教では、すべての人々は神の前で同じであるばかりでなく、人間である私たちはすべて「兄弟」であることが基本になっています。

昔は奴隷制度というものが当然のこととしてありましたが、この制度がいかにして緩和され、ついには廃止されるに至ったかをめぐっては学者の意見が分かれています。つまり、これはキリスト教の思想の結果であるとする説と、反キリスト的な考え方をした啓蒙主義者のおかげであるとする説とが対立しているわけです。

どちらの意見が正しいかは分かりませんが、私の意見としては、この問題を理解するには激しい変化を遂げた社会的、経済的状況をも考慮すべきであると思います。そして現在では、この制度はほとんど廃止されたとしても、人間の平等に違反する「人種差別」は、まだ根強く生き残っていることも忘れてはならないと思います。

周知のようにこのような人種差別の問題は、日本のような先進国にもありますが、これはキリスト教の精神に違反することであり、教会もこの問題に対しては無関心ではいられないのは当然です。

今、植民地主義の時代は終わったと言われていますが、世界史を調べてみると、古代から今世紀に至るまで、いろいろな理由で、強い国が弱い国を自分のものにするということがいつもありました。このことは、キリスト教が支配的になる以前にもありましたし（ローマ帝国）、その後も、特に十六世紀、十七世紀にかけては、ヨーロッパのカトリック、プロテスタントの国々は他の大陸を植民地化することに力を入れていました。

また、もっと最近では、キリスト教の影響を受けていなかった日本も、アジアに対して同じような態度をとったことも事実です。この意味においては、強い国が弱い国を自分のものにするという現象は、一定の宗教心とつながっているというよりむしろ、すべての人間の欲望に関連するものと思われます。もちろん植民地化からは何も良いものが生じなかったとは言えないでしょうが、すべてが正当化されるということも決して言えないでしょう。

ただ、事実の問題としては、植民地化された民族が徐々に独立し、その多くが国際社会のフル・メンバーになった現在でも、宗教の面では植民地開拓者であった国の影響が強く残っているということがあります。

例えば、ブラジル、メキシコ、中南米のすべての国と、フィリピンなどの国民は、主にカトリックですが、これはやはりカトリックの国（ポルトガルとスペイン）の支配を受けたからです。これに対して、プロテスタントが多い国（アメリカ、南アフリカ、インドなど）は、プロテスタントの国の支配を受けたからです。

このことは何ら不思議はありませんが、ただ私が不思議に思うのは、カトリックの影響を受けた国々を見ると、人種差別という問題はそれほど起こらなかったし、少なくとも今ではもう起こっていないということです。これはなぜでしょうか。

その一つの理由として、スペインとポルトガルは、海外で自らの領土を拡張し始めたとたんに、植民地政策として原住民との結婚をすすめたことが挙げられるでしょう。しかしなぜ、プロテスタントの国ではこのようにしなかったのかという疑問が残ります。

この問題に正確に答える自信はありませんが、この二つの事実の相違は、やはりカトリックとプロテスタントの精神の違いに関連することかもしれません。前に、プロテスタントの精神がカトリックに比べて個人主義になりがちであると述べましたが、その反面カトリックの精神は、「カトリック」であるからこそ、プロテスタントよりも国際的、あるいは普遍的になりやすいのでしょう。

カトリック教会が「カトリック」と呼ばれることになったのは偶然のことではないでしょう。ギリシャ語の言葉としては、「カトリコス」というのは、「一般的」または「全体」という意味がありますが、教会を初めて「カトリック教会」(エ・カトリケ・エッケレシアア)と呼んだのは、アンティオキアの聖イグナチオでした(一一〇年ごろの手紙の中で)。その後、この名称は一般に用いられるようになりましたが、それはいろいろな国に広まっている唯一の教会という意味をもっていました。

教会は唯一の教会であるから、そしてキリストの意志に基づいて教会は当初からいろいろな異なる国々に広まったものであるという認識から、人種の相違は教会にとって何の意味ももたないというより、むしろなるべく数多くの(正確に言えば、全世界のすべての)異なった人種が等しく教会のメンバーになることは、当然のこととされたわけです。このような思想、つまり教会の「唯一性」と「普遍性」から考えると、人種差別というようなものはあり得ないことになります。

プロテスタントでも、すべての人間は兄弟であるという点から、人種差別はキリスト教の精神に反するという考え方も確かにあります。しかし、プロテスタントの場合、さまざまな教会や宗派があり、制度としては「唯一性」や「普遍性」よりも、「多様性」と「個別性」が強くなっています。そして（これはすべてのプロテスタントに当てはまることではありませんが）、例えばカルヴァン派のような思想では、誰が救われるかはすでに神によって予定されているとする考えをとります（予定説）。つまり、神によって選ばれている人間と選ばれていない人間がいるということであり、これではやはり、宗教的にすべての人間が平等であるということは言えなくなるわけです。とにかく外国のプロテスタントのような思想が、社会的な人種差別に対して妥協的になり得るということは言えましょう。しかし、日本における現在のプロテスタントが人種差別から生じる不正に対して非常に敏感であることは、事実です。

6　自殺の謎

「自殺」という現象も、一つの社会学的な事実です。そしてこのような社会学的な事実は、自殺者の精神的な状態から生じるものです。一九六一年にイギリスにおいて、自殺を犯罪とするそれまでの法律が廃止されてから、今日ではどこの国でも自殺者自身に対して（未遂を含めて）刑罰を定めた規定は存在しません。

他の数多くの国と違って日本の場合は自殺をそそのかしたり手助けをしたりすることは、罰せられています。しかし自殺そのものは犯罪にされていないにもかかわらず、自殺しようとする人に対して、警察は全力を尽くしてこれを阻止しようとするのは、どこの国でも同じです。このことから、自殺者は同情に値するにしても、自殺は社会的に望ましいものではないと言えましょう。

神を信じない人に、自殺は絶対にいけないことだと説明するのは、なかなか難しいと思います。神を信じない人は、「運命」とか「宿命」だけを信じるより他はないでしょう。そういう人には、「もしあなたが生まれてきたのが運命なら、同じように死ぬのも運命ですから、どうか運命に任せて、自らの命を断たないでください」と言いたいですが、絶望している人に、このような〝合理的な〟言葉は通じないようです。

これに対して神を信じる人には、自殺は絶対にいけないということは非常に分かりやすいことです。生命は、自分のものではなく神の摂理によって与えられたものだからと考えるからです。つまり私たちは生命を管理する義務があり、生命を勝手に断つということは、神に対して大きな罪となるわけです。

このように考える点では、カトリックもプロテスタントもほぼ同じですが、不思議にプロテスタント信者の方が、カトリックよりも自殺する人がはるかに多いという事実があります。

例えば、一九八〇年の統計によると、国別の世界の自殺率の高低は次のようになっています。

世界の自殺率（十万人につき）

A　高い国

1位　フィンランド　二十五・一人
2位　スイス　二十三・八人
3位　デンマーク　二十三・六人

B　低い国
1位　ペルー　一・八人
2位　パナマ　二・六人
3位　エクアドル　二・七人

編集部注　WHO発表による世界の自殺率の統計は、年度によって推移があります。したがって本統計は、一九八〇年に限定されるものであることをお断りいたします。

この、カトリックよりもプロテスタントに自殺者が多いという事実は、有名な社会学者であったエミール・デュルケム（Emile Durkheim　一八五八―一九一七）が『自殺』という本の中ですでに指摘したことですが、その原因について、彼はプロテスタントの強い個人主義とカトリックの強い組織意識などを挙げています。

この問題について私個人の意見を述べる自信はありませんが、法律関係（宗教関係ではなく）の雑誌「法令ニュース」でも、この問題がとりあげられましたので、この記事を参考にしたいと思います。やや長いですが興味深いので、「告白という制度」と題されたこの記事の最後の部分だけを引用させていただきましょう。

「自殺を世界的に見るとき、どうしても宗教との関係を無視できない。

キリスト教の場合は、確かに自殺を否定的に考えているようであるが、旧約・新約のどちらの聖書にも自殺禁止の文章は見当たらない。

キリスト教は、カトリック教とプロテスタント教の二つに分かれるが、カトリック教系の国では自殺は少なく、プロテスタント系の国では自殺が多い。

カトリック教は自殺を完全に否定している。信者は、神父──→教会──→ローマ教皇というピラミッド式の権威、集団の中で精神生活をする。

人は誰しも悩む、罪の意識をもつことがある。そのときカトリック教の信者は、神父に告白する。どこのだれなどと言う必要はない。完全に匿名である。

告白を聴いた神父は絶対に口外しない。信者は安心して告白する。「再びそのような罪を犯さないように」、このひと言で罪は許される。神父は罪を許す権限をもっている。

一方プロテスタント教は、信者に対面する人を牧師と言う。神父とは言わない。この牧師には罪を赦す権限が与えられていない。それは、プロテスタント教は個人の良心、個人の信仰を絶対視する。カトリックが集団教会主義なら、プロテスタントは絶対個人主義である。だから悩みや罪の意識があれば、プロテスタント教の信者は自分で処理しなければならない。

カトリック教のように教会にかけ込んで神父に告白して、晴れ晴れとなるというわけにはいかない。ひとり悩むか、精神科を訪れるか、個人で処理しなければならない。そこに、カトリック教団の自殺の少なさがあり、逆にプロテスタント教団の自殺の多さの背景がある。

自殺を国際的に調査するときの大きなカベは共産圏である。

ハンガリー、東ドイツでは、おそらく北欧を上回る自殺があると言われているが、新しいデーターは公表されていない。

自殺は金持ち的精神の病気で、健全な社会主義国にはあり得ない——自殺そのものを全面否定しているソビエトや中国の考え方である。

このように否定的に対処して、数字さえも公表しないが、これら共産圏の自殺はかなり多いのではないかと見るのが一般的である。

自殺は政治不安、経済状況、社会情勢を示すバロメーターである以上、共産圏に数字の公表を期待するのは難しいようである」（「法令ニュース」一九八五年七月号）。

以上のように、カトリックの場合は、ゆるしの秘跡があるから自殺率が低いということですが、私見では、これだけではプロテスタントになぜ自殺が多いかの十分な説明にはならないような気がします。もちろん、これも一つの原因であることを否定することはできません。とにかく、プロテスタントの方が自殺率が多いということは事実ですが、その理由は私にとっては、まだ謎です。カトリックとプロテスタントの神学者と宗教社会学者は、これを一つの研究課題にしたらよいと思いますが。

7　カトリックとプロテスタント――あれこれ

恩師である弁護士M先生

私には現在、幾人かのプロテスタントの親友がいますが、初めて親しくつきあったのは、西ドイツのフランクフルトのM弁護士でした。M先生は、私の頼みで、家庭問題で悩んでいたあるスペイン人の婦人の面倒をよく見てくださり、私の叙階式にもご夫妻で出席してくださいました。しかし本当にM先生をよく知ることができたのは、私がボン大学の博士コースに入ってからのことでした。法律を本だけで勉強することに物足りなさを感じていた私は、法律実務の〝見習い〟として、M先生の事務所で一カ月以上働くことにしました。M先生は優れた弁護士でしたから、秘書が四人いても忙しく、主な仕事は、保険会社から依頼される裁判事件と離婚問題でした。

M先生は一度、私にこのように言ったことがあります。

「ヨンパルトさん、私は、カトリックの人が離婚について依頼してきたとき、いつも断ることにしていますよ。だってカトリックの人は、少なくとも結婚の際に離婚はいけないことを知っているはずでしょう。そんな場合に私は良心に反してまで協力はできませんからね」。

M先生の仕事は、むろん保険と離婚だけではありませんでした。ある日、高齢の歯科医師が相談にやって来ました。この人の悩みは次のようなことでした。

「先生、私の息子は、感謝ということをまったく知らない恥知らずの人間です。私もそろそろ遺言状を作りたいのですが、彼には一銭もやりたくないのです。そのような遺言状の作成を依頼したいのですが……」。

M先生は、この人の悩みをよく聞いたうえで、次のように答えました。

「よく分かりました。もしお望みでしたら、すぐに作成しましょう。でもその前に私のアドバイスを聞いてください。私もあなたと同じように父親です。三人の大きな子どもがいますが、全部うまくはいきません。あなたは、そのような遺言状を作成するよりも、やはりカトリック神父のところへ行って相談した方がいいのではないでしょうか。ちなみに私はプロテスタントですが……」。

「先生、そんなことをおっしゃるのですか」。

「そうです、その方がいいと思う。これは、父親としての私のアドバイスです」。

依頼者は、「もう一度考えてみます」と言って帰りました。一時間ほどの相談は無料でした。本当のところ、Ｍ先生の答えにびっくりしたのは、依頼者だけでなく私もだったのです。

Ｍ先生と知り合ったばかりの頃、私は彼に出した手紙の中で、冗談半分に次のように書いたことがありました。「先生、気をつけてくださいね。カトリック神父である私とつきあうことは、プロテスタントでいらっしゃる先生にとっては危ないことではないでしょうか」。

これに対して、Ｍ先生は次のような返事をくださいました。

「もちろん私はカトリックであるあなたとつきあって、どのような〝危険〟にさらされているかをよく承知しております。そしてあなたがこのことについて中立を守ることができないということも、よく分かっています。私は、第二次大戦を体験してから、あなた方の教会が正しいものであるということも知りました。でも、私はあなたの教会にとっては、依然としてよそ者でしょう。なぜならば、……あなたが子ども時代に習った歌は、私が習った歌とは違うからです」。

Ｍ先生は、私に幾度も言っていたように、もちろん神は信じていましたが、教会には行っていませんでした。私は、彼の良心的な考え方と行動を思い出すたびに、今でも感銘を新たにします。

先生は、頭ではカトリックは正しいと考えていたようですが、頭より心の方が複雑なものです。カトリックとプロテスタントの問題は、どちらが正しいかということだけではないようです。このことは、私がM先生とつきあったことから教えられました。

どちらが厳しいか

信仰の面でカトリックとプロテスタントではどちらが厳しいでしょうか。間違いなく、カトリックの方です。すでに紹介したM先生は、プロテスタントの教会に全然行っていませんでしたが、これだけで先生を「悪いプロテスタント」と言うことはできません。事実、私は先生を尊敬していました。

ところが、もし日曜日にミサにも行かず、何年間もゆるしの秘跡を受けず、離婚や再婚をするカトリックの人がいたら、これはカトリックであっても、「善いカトリック信者」とは言えません。この意味では、カトリックの「条件」は、明らかにプロテスタントより厳しいもので、逆にプロテスタントには、教義の面でも道徳の面でも、より「優しさ」

があると言えましょう。

しかし私の経験では、プロテスタントの場合には別の「厳しさ」があり、カトリックの場合には、また別の「優しさ」があるように思われます。これは、主に私の体験に基づく感覚であり、同じ経験をしていない方にとっては、理解しにくいかもしれませんが、これを私なりに説明してみましょう。

例えば、プロテスタントからカトリックに改宗した人から何回も聞いたことですが、どうもプロテスタントの目から見た神さまは、非常に「怖い」神さまであるようです。しかしカトリックにとっては、神さまほど「優しい方」はいらっしゃいません。

つまりカトリックの人は、祈るときこの神の優しさを体験するのです。もちろん聖母マリアに祈るときも、私たちの母であるマリアの「優しさ」を強く感じます。しかしプロテスタントの場合は、このように祈ることはありません。

また、私はカトリック信者を連れて、プロテスタントの施設で合宿したことが何度かありますが、そのとき受けた印象は、やはりプロテスタントの方がカトリックより厳しい面があるのではないかというものでした。これは、ビールやたばこなどについての規則に関して特に感じたことです。

カトリックでも、酔っぱらうことはいけないこと、つまり「罪」であると判断されています。それは、身体に悪いからということよりも、酔っぱらった人間は自分をコントロールできず、無責任なことを言ったりしたりするからです。しかし例えば、お祝いの席でワインやビールなどを適当に飲むことは、カトリックの理解では何ら悪いことではありません。たばこは、健康の面から見ると、たしかにやめた方がいいでしょうし、また、たばこで他人に迷惑をかけることはいけないでしょう。しかし、大人がたばこを一本吸ったからといって、「罪」を犯したとは、カトリックの普通の考えでは言えないのです。この点については、プロテスタントの考え方の方が、やはり厳しいようです。

例えば、尾山令仁著『一問一答』の中の「72問」には、次のように書かれています。

「たばこや酒をどうしてもやめることができず、そのためにキリスト教は他のどの宗教よりも良いということは分かっているのですが、入れないのです。どうしたらいいでしょうか」。

これに対する答えのポイントは、次の文にあると思います。

「酒やたばこをやめてからキリスト教の信仰に入るというのは、むしろ逆です。そのままキリスト教の信仰に入ればいいのです。そうすれば必ず、酒やたばこを飲むのが嫌になります」。

よく分かりませんが、プロテスタントを含めて、すべてのキリスト教徒が酒やたばこを飲むことが嫌になったとは思われません。これに対してカトリックの場合は、酒やたばこはそれほど問題にされていないのが事実です。

右のことと関連して、カトリックの精神的な姿勢は、プロテスタントに比べてよりオプチミストであると言えるのではないかと思います。これも私がつきあってきたプロテスタントの人たちから直接受けた印象ですが、これには精神的安定性を与える神学上の深い理由も関係しているように思われます。

プロテスタントとカトリックの信者のうち、どちらが数多くの罪を犯すかは、神のみぞ知ることでしょう。カトリックには守るべきことが多いため、たぶん、プロテスタントよりも罪を犯すことが多いかもしれません（もちろんこれは確かではありませんが）。しかしプロテスタントの方が、カトリックに比べて「罪人」の意識は強いようです。というのは、カトリックの人は、ゆるしの秘跡を受けるたびに、今現在、「赦された」という喜びを感じることができるのに対して、プロテスタントの場合は、神に赦しを願えば「赦されるだろう」と信じるしかないからです。

この意味においては、プロテスタントの方が「罪人として」の責任感もより強いと言えます。その反面、カトリックの場合は、赦しの喜びを味わうことができますが、それが容易に与えられるために、プロテスタントに比べて「いい加減になる」傾向があるかもしれません。

人間は、自分ではなく、神と救い主である主イエス・キリストの力だけで救われるというのが、キリスト教の教えです。これは、プロテスタントでもカトリックでも一致しているところです。比較的に言えば、天国に入るためにはどうしても天国の「入場券」が必要ですが、これを持つのは神さまだけで、私たちはこれを無料でもらうことはできても、自分でその入場券をつくることはできないということです。

ただ、プロテスタントとカトリックでは、次のところが違います。プロテスタントの見解では、人間は皆、罪人ですから（「一度罪人、いつも罪人」semel peccator, semper peccator）、神を信じるならば死ぬときにその入場券を天国の入り口でもらえます。ところがカトリックの見解では、秘跡にあずかることによって、その入場券を生きている間にもらえるということです。

もちろんカトリックの人でも、生きている間に救われるかどうかを確信することはできないでしょう。なぜなら人間は、また罪を犯すことによって、その入場券を失うことになるからです。しかしこの世においても、入場券を手に入れることができるというのは、カトリック信者のオプチミズムの一つの重要な原因であると思います。

カトリックで模範とされる「聖人」の生活を調べてみると、数多くの殉教者を別にしても、すべて普通の人よりもいろいろな面で非常に苦しんだことが分かります。聖人たちは皆、自らに与えられた「十字架」のおかげで聖人になれたと言ってもよいでしょう。それと同時に、この世の中で聖人ほど「楽観主義者」はいないと思います。例として挙げればきりがありませんが、ここでは「ユーモアを求める祈り」をつくった聖トマス・モアを取り上げてみましょう。

聖トマス・モアはローマ教皇に対する忠誠を守るために、ロンドン塔に送られ、一五三五年に殉教した聖人の一人です。彼は殺される直前、死刑執行人に次のような冗談を言ったそうです。

「さあ、元気を出したまえ。心配しないで、これは君の仕事なのだから、しっかりやるんだ。私の首は短くて猪首《いくび》だから切りそこなわないように頼むよ。一太刀《たち》でスッパリとやってくれたまえ」。

また、次のように言ったとも伝えられています。

「ひげを切らないように気をつけてくれ。私のひげは国王に対して何も悪いことをしていないからね」。

ご参考までに、この聖人は「ユーモアを求める祈り」もつくりましたので、それをここで挙げておきましょう。

「主よ、私に十分な消化力と、また消化する食べ物をもお与えください。健康な体と、それをできるだけよく保つのに必要な感覚をお与えください。主よ、善きものと清いものを目にとめる聖なる心をお与えくださらんことを。罪を目にしても恐れず、ものごとを再び秩序づける手段を見つけられるために。

退屈も、不平も、ため息も、嘆きも知らぬ心をお与えください。そして私が見えも無くなりつつある〝私〟というものについて、ことさらに心配しすぎないようにしてください。

主よ、私が生活においてささやかな喜びを知り、人にもそれを伝えることができるように、ユーモアのセンスと冗談を解する恵みをお与えください」。

確かに、前に述べたように、カトリックには相当の厳しさがあります。しかしその反面、大きな安心感もあります。そして、両者は無関係なものではないと思われます。どんな人間にも、過去の暗い思い出と、将来に対する不安があるでしょう。人生という旅の先がはっきり見えないときや、大事な決断をしなければならないときもあるでしょう。生きる喜びを感じるときもあれば、危険な絶壁の上で迷っているときもあるでしょう。

プロテスタントの場合、これらの危険な場所を見いだし、避けるのは自分の責任（良心）になります。ところがカトリックの場合は、このような危険な場所には、あらかじめ「立入禁止」の札が立っているのです。この「立入禁止」があるからこそ、その厳しさから一つの安心感が生まれてくるのです。

カトリック思想の柔らかいオプチミズム

宗教とは関係のない学問の世界にも、プロテスタントとカトリックの考え方の違いが反映されているようです。例えば、「法哲学」という学問は、法の「宗教学」ではなく、法に関する「哲学」のことですが、プロテスタントの学者の「法哲学」とカトリックの学者の「法哲学」と比べてみると、どうしても違うところがあります。

ここでは、難しいことを述べるのは避けたいと思いますが、プロテスタントの学者の考える「人間像」とカトリックの学者の考える「人間像」は、まったく同じ「人間」の「像」ではないようです。

周知のように、プロテスタントの牧師の息子で自らもプロテスタントであったトマス・ホッブズ（一五八八―一六七九）は、人間によってつくられた国家は恐ろしい怪物、すなわち、「リヴァイアサン」（旧約聖書のヨブ記で比喩的に出てくる名前です）であるとしました。

彼の説では、人間は本来、他の人間に対して危険な動物であるから、力と恐怖（国家権力）によってのみ押さえることができるということです。「人間は人間にとっては狼なり」（homo homini lupus）という言葉は、ホッブスが初めて言ったのではありません（古代ローマのプラウトゥスの言葉です）が、彼が使ったおかげで一般によく知られるところとなりました。

ホッブズの思想に現れてくるこのような人間像は、ペシミストであり、もっと日本的に表現すれば、性悪説的な人間像であると言えます。もちろん、ヨーロッパの思想の中には、非常に性善説的な人間像もあります。

ホッブズとは正反対に、「人間は人間にとっては神なり」という、フォイエルバッハ（無神論者であった）の言葉もあるくらいです。この言葉は、非常にオプチミスト的な考えを表していますが、それが現実的であるかどうかは問題でしょう。とにかく、キリスト教の立場から見ますと、人間は当然、神にはなり得ないわけですから、この言葉にはまた問題があるわけです。

おもしろいことに、ホッブズが生まれる前、カトリック神学者であり、かつ国際法の理論で有名になったヴィトリア（ドミニコ会修道者）は、ホッブズが参考にした言葉を否定しました。彼は、「人間は人間にとっては狼なり」というプラウトゥスの言葉を、「人間は人間にとっては人間なり」（homo homini homo）という言葉に変えました。

このような〝柔らかい〟オプチミズム、つまり人間を狼にも天使にもしないということは、カトリック思想の一つの特徴であると思われます。

いわゆる「自然法」に対する考え方も、カトリックとプロテスタントでは違います。プロテスタントの見解では、原罪によって罪人となった人間はその自然的な状態も完全に破壊され、したがって人間は、その自然的な能力だけでは善を知ったり行ったりすることはできないということです。このように考えれば、プロテスタントの学者がいわゆる「自然法」（理性だけを相手にして、人間の本性を基準とする法のこと）に対して否定的な態度をとるには、当然と言えましょう。

カトリックの見解でも、人間の救いは神の超自然的な恵みであり、決して自然からくるものではないという点では同じです。しかしカトリックの場合は、原罪によって人間の自然的な状態はかなり破壊されたとしても、それはまだ全面的な破壊には至っていないと考えます。したがって信仰を別にしても、理性によって知ることができる「自然法」というものは認められることになります。もし、プロテスタントのように、人間を完全に破壊されたものとして捉えるならば、当然、「自然」（人間の本性）の「法」、すなわち「自然法」というものもあり得ないことになるでしょう。

カトリックの見解では、目に見える教会は決して自然的な制度ではないし、またこれがキリストによってつくられたということも、あくまでも信仰上の問題です。しかし教会は目に見える組織をもっています。プロテスタントは、キリストによってつくられたこのような目に見える教会を拒否するわけですが、そのことと、プロテスタントが性悪説的傾向にあるということとは、無関係ではないようにも思われます。

それはともかく、これまで説明したように、カトリックの思想はよりオプチミスト的な人間感をもっており、そのため、良い意味でも悪い意味でも、カトリックはプロテスタントに比べてより人間くさいと言えるでしょう。

どちらが進歩的

カトリックの中でも、〝進歩的な〟考え方の人もいれば〝保守的な〟考え方の人もいます。しかしカトリックとプロテスタントを比べた場合、プロテスタントの方がより進歩的であると言われています。これはなぜでしょうか。

私が初めて日本の歌舞伎を観たとき、観客の中に若い人がほとんどいなかったのに驚かされました。逆に、流行のモダン・ソングの催しなどに集まるのは、ほとんど若い人のようです。若い人たちは古いものを知らないのに（つまり、彼らにとっては歌舞伎のような古いものは「新しいもの」であるはずなのに）、決まって近代的かつ進歩的なものの方を好みます。そして、年をとると、古いものを発見し、それを味わうようになるのです。とにかく（例外もありましょうが）若い人は進歩的で、年をとった人は保守的になるという傾向があることは確かでしょう。

このことから、より〝若い〟プロテスタント（新教）が進歩的で、より〝年をとっている〞カトリック（旧教）が保守的であるとも言えるのでしょうが、どうもそれだけではないようです。もっと深い理由が、それぞれの神学的な立場にあるようです。

一口に、「進歩主義」とか「保守主義」といった定義を下すことは、それ自体、なかなか難しいように思われます。確かに進歩的なものには「新しさ」がありますが、その新しさの基準は非常に相対的なもので、時間の経過によって、つまり私たちが新しいものに慣れてしまえば、その新しさも無くなってしまいます。

今年の夏のことでしたが、山口県の萩市で私が車で友人を案内しているとき、自転車でさっそうと走っている一人のシスターを見かけました。もし私の子ども時代、このようなシスターを見たならば、非常にびっくりしたでしょう。その時代には、こんなに「進歩的な」シスターはいなかったからです。シスターではなくても、女性が自転車に乗るなんて、猿が自転車に乗るぐらいに珍しいことでした。しかし今では違います。女性が自転車に乗ったり車を運転したりするのは普通なことで、何ら進歩的とは言えなくなりました。同じように、人の考え方も単に「新しい」ということだけで進歩的であると言われることがよくありますが、これも場合によっては非常に相対的なものです。

例えば、ある日本人プロテスタント神学者は、「現代のキリスト教」の一つの特徴として「史的イエスの再発見」ということを挙げましたが、これは「進歩的な学者たちによって推進された」ということです（由木康著『キリスト教新講』一七九頁）。

なるほど、プロテスタントの中では、最近まで、イエスは信仰の対象ではあっても歴史的に存在したとは言えないという考え方がありましたから、「史的イエス」を認めることは、プロテスタントにとっては進歩的なことなのでしょう。しかしこのことはカトリックにとってみれば、何ら「進歩的」でも「保守的」でもありません。キリストの歴史的な存在は、カトリックにとっては不変の真理であるからです。

もちろんカトリック教会でも、教会はこの世にあるものであるため、変わってきたことがたくさんあります。ある時期には非常に進歩的と思われたことも、今では当然のこととなっていますし、場合によってはすでに時代遅れになっているかもしれません。ただ、前にも説明したように、カトリック教会ではプロテスタントに比べて、何を信じるべきかがはっきりしていて、かつカトリック教会はこれを変えることができませんから、より〝保守的〟であると言ってもよいでしょう。しかしこのような「保守性」は、やはりカトリック教会の存在理由にも深くかかわっているようです。というのは、もし本質的なものを変えるならば、カトリック教会はそのアイデンティティーをも失ってしまうことになるからです。そうであるからこそ、カトリック教会は、たとえ一時代に大きな被害を受けることになろうと、キリストの定めたことについては、妥協できないのです。

右のことは、教皇ヨハネ・パウロ二世が、一九八五年に三度目のアフリカ大陸訪問をしたときの次の言葉に表されています。

「変わるべきことは、福音ではない。さまざまな文化は、イエス・キリストがこの世にもってきてくださった生命と健全な精神をよりよく吸収するように努力しなければならない」。

周知のように、アフリカには今でも当然のこととして、一夫多妻制度が存在している所があります。この社会的事実に対して、カトリック教会は妥協をしないため、このような地域ではカトリック信仰の普及が妨げられています。もし、カトリック教会が、そのようなアフリカの地域に限って一夫多妻を認めるとすれば、その布教活動は大成功を収めるでしょう。しかしそのような成功は、もはやカトリック信仰の成功であるとは言えないでしょう。参考までに挙げておきますと、前記のことに対してカトリック教会は妥協をしていないにもかかわらず、現在、アフリカのカトリック信者の数は、毎年二百万人の率で増加しているとのことです。

人間のつくった制度すべてについては、どうしても妥協したり功利主義的に考えたりする必要がでてきます。これらの制度のアイデンティティーも、人間と同様、時の経過につれて徐々に変わってくるからです。少なくとも人間によってつくられた制度であるかぎり、そのアイデンティティーがいつまでも残るという保障はありません。

これに対してカトリック教会の見解によれば、その保障がキリストの約束によってなされているということです。ここにも、前に課題にしたカトリック的なオプチミズムの一つの原因があるように思われます。

第四部　カトリックとプロテスタントの一致を目指す「教会一致運動《エキュメニズム》」

本書では、「プロテスタントとカトリックはどのように違うのか」を説明することを試みましたが、現在では、すべてのキリスト信者は一致すべきであるという認識がプロテスタントでもカトリックでも強くなっています。もちろん、ヨーロッパ・キリスト教を代表する著名な神学者の一人であるドゥ・リュバックがすでに言ったように、このようなすべてのキリスト信者の「一致」（ユニティ）は、決して「一様化」（ユニフォーミティ）を意味するものではありません。

このような「教会一致運動《エキュメニズム》」ないし「エキュメニカル運動」は、例えば、『カトリック要理』の中で次のように説明されています。

「イエス・キリストは唯一の教会を設立されましたが、この教会の中にはやくも初期のころから分離が起こり、後代になってかなり大きな集団がカトリック教会の完全な交わりから分かれてしまいました。

この分離は、キリストの意志に反するものであり、すべての人に福音を告げるという教会の使命にとっては、大きな妨げとなっています。けれども現在、そのような分かれたキリスト教団体の中で信者として育てられ生活している人びとに、分離の責めを負わせることはできません。そして、その分離にもかかわらず、かれらは、キリスト教の共通の遺産を数多く、例えば聖書、洗礼、聖霊の恵みなどを保有しているので、それによって現在もなおカトリック教会と結ばれています。キリストを信じ洗礼を受けた人びとは皆キリストに合体され、キリストにおいて皆兄弟なのです」。

しかし残念なことに、同じキリストを信じ、その信仰において兄弟である人々が、カトリックとプロテスタントに分かれているという事実は長い歴史をもっています。これは、キリストが望んだことではありません。

キリストは、十字架にかけられる前の晩、自分を信じるすべての人々が一致するようにとの祈りをささげました（ヨハネ17・20－23参照）。これが、いわゆる「エキュメニカル運動」の始まりであったと言ってもよいでしょう。

「エキュメニズム」というギリシャ語の言葉は、比較的最近、プロテスタントとカトリックの間で、その一致の必要性がより強く感じられることになった結果、その運動を表現するためにつくられた言葉です（もともと、ギリシャ語の「オイクメネ」とは人々が住んでいる「全世界」という意味です)。

実はプロテスタントの方がすべてのキリスト教信者の一致の必要を強く感じたせいか、この運動の始まりは、プロテスタントから形となって現れたのです。ここでは、この運動の歴史を書く余裕はありませんが、その出発点となったのは、一九〇〇年、ニューヨークで開かれた「エキュメニカル宣教会議」です。

この会議において、世界の諸教会が一致して宣教に仕えるためには、まず第一に教義と教会制度の相互理解を深めるための「信仰職制運動」が、そして第二に宣教活動における相互協力と一致をめざすために「宣教会議」が、さらに第三に、深刻化する帝国主義戦争や植民地紛争の中で多発する難民救済や人権擁護のために諸教会が協力する「生活と奉仕」の運動が、必要であることが認識されました。

この運動は、一九六二年から一九六五年にかけてローマの聖ペトロ大聖堂で開かれた第二バチカン公会議で、カトリックの方からすべてのキリスト信者の再一致が大きな課題にされたことから強くなったのです(『教会憲章』、特に「エキュメニズムに関する教令」参照)。

このとき以来、互いの誤解や偏見を解消すべく、カトリックとプロテスタントの一般信者の間でも、集会を開いたり話し合ったりすることが行われました。日本の教会でも、毎月一回ほど、このような会を開くことがあります。このような運動はまだ先が長いでしょうが、大きな発展を遂げつつあるということは、本当に喜ばしいことです。

私は、自分の子ども時代を振り返ったとき、なつかしい思い出ばかりもっていますが、一つだけ（今から考えますと）「はずかしい」思い出があります。私は、カトリックが百パーセントというほどのスペインで生まれ育ったため、プロテスタントの人に一度も会ったことがありませんでした。

当時の私にとっては、カトリック以外の人は仏教徒であろうが、無神論者であろうが、プロテスタントであろうが、皆同じように真の神の「敵」であり、少なくとも非常に「かわいそうな人間」だと思っていました。もちろん、「敵も愛せよ」というキリストの言葉をよく知っていましたが、カトリック以外の人に対しては、この程度の愛しかありえないと考えたわけです。

この話は、まったく私の個人的な体験談ですが、同じように考えたカトリック信者（またはプロテスタント信者）も多勢いたと思います。この意味においても、エキュメニズムという運動が、カトリックからもプロテスタントからも盛んになったということは、大変喜ばしいことです。ただ、これまでカトリックとプロテスタントは長い分裂の歴史をもっていますから、その再一致への道は決して容易ではないことを覚悟しなければならないでしょう。

本書では、プロテスタントとカトリックの共通点（第一部）を強調したつもりですが、やはりその相違点（第二部と第三部）が本書の主題となりました。一見すると、このようなことはエキュメニズムの精神に反するものとして批判されるかもしれませんが、私はそうは思いません。むしろ、その相違点を双方がはっきりと認識しないかぎり、真のエキュメニズムの運動は期待できないと考えます。強いて言うなら、もしこのような相違点を無視したり隠したりすれば、たとえエキュメニズムは一時的には成功したとしても、それは結果的にはお互いをだまし合うことになってしまいます。このようなことは、双方が真に仲良くなるためには決して得策とは言えません。

普通の人間同士のケンカを見ても、それはやはり「相手を理解できない」ということから始まるようです。また、本当にその人と仲良くなりたいならば、相手の言い分をよく聞いて、それをよく理解してやることです。相手を理解さえすれば（これは相手と同じように考えるということではありませんが）、これはもう仲良くなる第一歩となるのです。

プロテスタントとカトリックの「ケンカ」も、「相手を理解できない」ということから、十六世紀に始まったわけです。ケンカをやめることでただちに両者が一致するというわけではありませんが、ケンカを続けているかぎり、一致することは不可能でしょう。

現在では、エキュメニズム運動が証明しているように、カトリックとプロテスタントの「ケンカ」が終わりを告げようとしているところです。いや、もうすでに終わったと言ってもよいでしょう。これが可能になったのは、お互いの理解が前よりも深くなったからではないでしょうか。

これをカトリックの側から考えますと、カトリックの基本的立場を明らかにしたトリエント公会議（一五四五―一五六三）があったからこそ、二十世紀の第二バチカン公会議で、「分かれた兄弟」と仲良くなり、いっしょに祈るようにとのアピールが可能になったのだと思われます。

また、この第二バチカン公会議では、他の宗教に対する「寛容」の精神が強調されたということも、重要な意味があります。

一つの例を挙げましょう。周知のように、日本の総理大臣は、一九八五年、靖国神社に公式参拝をすることを自ら宣言しました。これに対して、カトリック教会もプロテスタントの宗教団体も、強く抗議したのは当然です。もちろん、この公式参拝に反対したのは、キリスト教徒だけでなく、私がよく知っている宗教をもたない、または「無神論者」を自称する憲法学者をはじめ、多くの人々がいました。

しかし、この総理大臣の独断決定に対するキリスト教徒の反対に対しては、「もっと寛容な態度を示してもいいのではないか」と考えたキリスト教徒もいたかもしれません。しかしよく考えてみると、寛容というものは、決して無関心の態度をとるということではないのです。

日本の歴史を見ると、政教分離がなされていなかったため、近代まで、（神道を除いて）さまざまな宗教団体に対する寛容が欠けていました。今の憲法は政教分離を保障しており、当然、宗教の自由と宗教的な寛容は最大に保障されているはずです。したがってこれを守るべきでしょう。

靖国神社の問題については、国民を〝安心させる〟ために、日本人は他の民族よりも寛容であるということがよく言われています。公式参拝に踏み切った総理大臣も、このように言ったそうです。その証拠として、同じ日本人が、正月には神社に初詣に行き、結婚式は教会で挙げ、葬式は寺でするということが挙げられています。確かに外国ではこのようなことは考えられません。

しかし、歴史を見れば、カトリックもプロテスタントも日本人も、いつも寛容であったということはできないと思います。確かに、今の状況を見ると、日本人は非常に寛容であると言えましょうが、例えば第二次大戦のときを考えると、果たして日本人が寛容であったと言えるでしょうか。あるいは日本でも、宗教上の理由から人を殺すということがまったくなかったでしょうか。

戦争で命を失った戦士と、戦争の犠牲となったすべての民間人のために、あらゆる宗教の信者たちが祈ることができる施設があったら問題はないと思います。しかし靖国神社は、戦士の「英霊」のためだけに祈ることになっており、しかも神道以外の儀式は許されていません。これが果たして「寛容」と言えるのでしょうか。

寛容というものは、他人に対して寛容であるということです。今日は神社に、明日はお寺に、そして次の日は教会に祈りに行く人のことを、迷っている人、または自分の宗教心を真剣に考えていない人、あるいは矛盾を犯している人とは言えますが、決して寛容な人とは言えません。

人間は、一定の立場をとらないかぎり、寛容というものはありえないのです。ひと言で言えば、自分の考えが正しく、相手の考えが間違っていることを確信しながら、なおかつその相手の考えを尊重することが、寛容の本質なのです。この寛容とは、外国でも日本でも、ときとして誤解されることもあるようです。

カトリックとプロテスタントの再一致への道程は、まだまだ長いでしょうが、寛容の精神をもたないかぎり、その道を歩み始めることはできないでしょう。プロテスタントとカトリックがお互いに、今までそれぞれ信じてきたことのいくらかを否定し、〝妥協〟すれば、再一致はすぐに実現されるとは思っても、なかなかそう簡単にはいきません。

現実的に考えると、カトリックの方がプロテスタントより妥協できないところが多いようです。この点はカトリックの人は素直に認めるべきだと思います。

しかし、がっかりする必要はありません。人間にできないことは、神にできることです。キリストが十字架にかけられる前の晩、すべてのキリスト信者の一致のために祈ったように、すべてのカトリック信者とプロテスタント信者と東方教会信者（本書では課題にしなかった）が、いっしょになって祈ることは、われわれにも今すぐにできることなのです。

あとがき――マリア・ゲルトルードさんへの返事――

主の平安！

ご無沙汰しております。お手紙を頂いてから、すでに二年もたってしまいました。遅れてしまって申しわけありませんが、やっとお返事することができました。このような形でお返事するのは、私にとっては大変なことだったのです。毎日、大学と他の仕事に追われ、この小さな本をまとめるにも苦労しました。でも、とても楽しい仕事でした。

この本の原稿の大部分は、一九八五年の夏休み、山口県の萩カトリック教会の主任司祭の留守番をしていたときに書いたものです。私は神学を学んだこともありますし、毎日曜日はキリスト教入門講座も担当し、そこでは一生懸命やっているつもりですが、しかし私は「神学者」ではありません。もちろん私の本職は、大学教授というよりカトリック司祭であり、宣教師であるため、神学というものが私のものではないとも考えておりません。

時間的に余裕がないため、専門書を調べることもほとんどできませんでした（参考にした数少ない文献を参考資料として巻末に掲載しました）。したがって本書は決して専門家のために書かれたものではありません。私は、学者としてではなく、キリストを信じる者の一人として、キリスト教のことを知りたい方に、自分が学んだことや経験したこと、自分なりに考えたことを伝えたかっただけです。

これまで法哲学関係の本を何冊か出しましたが、頭の中で新しい本の作成についてのインスピレーションがあってから、その本が発行されるまではいつも十年ぐらいかかります。今回もそうでした。このテーマで、私の第一のアイデアとして、実はこの本をプロテスタントの方と一緒に、半分ずつ書くということでした。今でもこれが理想的であると思っていますが、どうも最も理想的なものは最も実現しにくいようです。

次に原稿を書き終わってから、せめてプロテスタントの方に読んでいただこうと考えました。ちょうど、原稿ができ上がる段階で、とても熱心な牧師さんにお会いする機会があったのですが、残念ながらお忙しいとのことで、この第二のアイデアもダメになりました。

その後、すでに原稿を出版社に渡してからのことですが、中央出版社（編集部注　現・サンパウロ）のおかげで、プロテスタント神学の専門家であられる笹森建美先生に原稿を読んでいただく好機を得ました。原稿を精読してくださり、数多くの貴重なコメントをつけてくださった笹森先生には、ここで改めて深く感謝いたしたいと存じます。この最終的段階で、さらに原稿を手直ししましたが、やはりまだ十分ではない、つまりプロテスタントの側から見れば、まだまだ異論が多くあろうと覚悟しております。残念なことですが、どうも、このようなテーマの本の成功というのは、不可能であるというのが私の実感です。

しかし、この点については、私はまだ絶望しておりません。まえがきでも強調しましたように、カトリックとプロテスタントの相違点を主題にする本書は、どうしてもカトリックの側から書かれたものとなりました。仕方のないことですが、これをきっかけに今度はプロテスタントの方が、同じテーマについてプロテスタントの側から書いていただければ、ありがたいことです。これを期待しながら、この辺でペンを置きたいと思います。それではごきげんよう。

ホセ・ヨンパルト

参考文献

＊（カ）＝カトリック　（プ）＝プロテスタント

『聖書』［旧約、新約］
　日本聖書協会　一九八三年（プ）
バルバロ訳、ドン・ボスコ社　一九六四年（カ）
『新約聖書』
　共同訳、日本聖書協会　一九七八年（カ、プ）
　フランシスコ会訳、サンパウロ　一九七九年（カ）
『キリストの教え』フロレン・ビアバウト編著、聖書図書刊行会　一九六三年（プ）
『一問一答』尾山令仁、いのちのことば社　一九六八年（プ）
『カトリック要理』改訂版、サンパウロ　一九七二年（カ）
『救いは今です——キリスト教案内』沢村五郎、いのちのことば社　一九七五年（プ）
『キリスト教新講・イエスから現代神学へ』由木康、中公新書　一九七五年（プ）
『キリスト教基本教理入門』堀越暢治、いのちのことば社　一九七七年（プ）
『キリスト教入門・神の恵みの福音』ペトロ・ネメシェギ、南窓社　一九八〇年（カ）
『ウエストミンスター小教理問答講解』改訂増補、玉木鎮、聖恵授産所出版部　一九八四年（プ）

『キリスト教入門』 矢内原忠雄、角川新書 一九五〇年（無教会）
『キリスト教年鑑』 キリスト新聞社創刊 一九四八年（プ）
『原理講論』 世界基督教統一神霊協会、光言社 一九六七年
Novum Testamentum graece et latine, curavit Eberhart Nestle, Erwin Nestle et Kurt Aland, Stuttgart, 23.Aufl. 1947（プ）
Ricardo Garcia-Villoslada, Martin Lutero, I El fraile hambriento de Dios, II. En lucha contra Roma, Madrid (BAC) 1983（カ）
Carlo Cardarola, Christianity: The Japanese Way, E. J. Briell, Leiden 1979（カ）
Kurt Aland, Geschichte der Christenheit, Band II.: Von der Reformation bis in die Gegenwart, Güte-sloh 1982（プ）

付記——日本語の文献を引用した際、言葉の書き方をときどき変えたことをお断りします。

著者略歴

ホセ・ヨンパルト（José Llompart）

1930年　スペインのマヨルカ生まれ。
1954年　哲学修士。同年来日。
1961年　西ドイツで司祭叙階。
1962年　神学修士。
1967年　ボン大学法学博士。
2000年　上智大学法学部教授として定年退職。上智大学名誉教授。
2012年　帰天。

《主著》『実定法に内在する自然法』(有斐閣)、『にんげん研究ニッポン人』(新潮社)、『人民主権思想の原点とその発展』『法哲学案内』『刑法の七不思議』『日本人の論理と合理性』(成文堂)、『こんなにすばらしい人がいる！』(サンパウロ)、他。

カトリックとプロテスタント
—同《おな》じキリスト教《きょう》で、どのように違《ちが》うのか—

著　者——ホセ・ヨンパルト

発行所——サン パウロ

〒160-0011　東京都新宿区若葉 1-16-12
宣教推進部(版元)　Tel. (03) 3359-0451　Fax. (03) 3351-9534
宣教企画編集部　Tel. (03) 3357-6498　Fax. (03) 3357-6408

印刷所——日本ハイコム㈱

1986年　5月　8日　初版発行
2005年　8月 15日　初版 17刷
2021年　3月 12日　改訂初版

ISBN978-4-8056-1533-1　C0016（日キ販）